人居两旺之

Bie
shufengshui

别墅风水

深圳市金版文化发展有限公司／策划

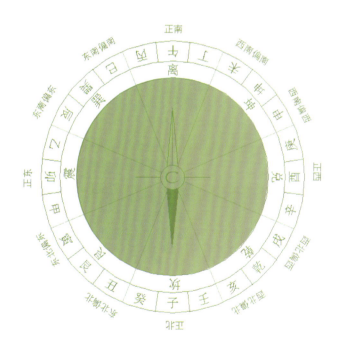

陕西旅游出版社

序

根据一项针对于现代人活动行为的调查表明，绝大多数人一生中有2/3以上的时间是在各种各样的室内环境中度过，可见室内环境对人的重要性不言而喻。随着工业化的不断发展，人们的环保观念不断深入，生态建筑理念已经成为目前建筑学研究的热点。作为与建筑密不可分的室内设计行业不可避免地将"人居、环境与可持续发展"纳入到现代家居设计中。特别是最近几年，一些用心的设计师正在尝试通过各种设计元素对室内空间进行影响，把传统的建筑理念演绎成现代的设计语言，全新诠释中式的风格与传统的艺术精神。大众开始关心和欣赏中式风格，同时也重新审视中国古文化这个一度被冷落的领域，从而进一步领略到中华文化的博大精深。风水从一种难登入大雅之堂的民俗文化开始备受关注。

风水古时又称堪舆，被定义为古代建筑理论之精华，是一种针对于寻找建筑物吉祥地点的景观评价系统，一种中国古代地理选址与布局的艺术。通过对从建筑奠基到室内装饰等各项事物的安排，达到对一定场所内气的影响，换言之，它帮助人们利用自然界的力量，促进身心健康。其实风水学的原理在很多方面与现代建筑物理学一脉相通，都是研究人与生活环境的学问，指导人们如何利用现在的生活空间与自然环境共融；人与居住、工作、生活环境如何协调、如何共生等，只是以不同的视角、不同的表述方式去解释罢了。古语谓之"天人合一"。"天"即除人之外，居住环境中一切的客观存在，如山、水、道路、墙体、地板、天花、家具，乃至无形的色彩、风向、声音、气味等，每一种物质都与人类构成一个共同统一的场。在这个统一的场中，理论上就如同太阳系或银河系一样，每个星球（物体）都是相对独立又相互依存的，大家围绕着一个共同的法则协调有序地运动着（这个法则在唯物辩证法中称之为"规律"，在道家思想体系中称为"道"）。人们循着这个法则利用环境中的一切物质设计营造出一个最适合的生活环境，并通过这种最优化的外部环境激发人体内最大的潜能，促使人类和天地产生共振，从而和谐有序地学习、工作和生活。研究和揭示这种规律的学科现在称为建筑物理学，古代则称之为风水学。

人，如果生活在一个优雅的环境中，一定会怡然自得，神清气爽。工作和学习都会顺心如意，应了所谓的"心想事成"，所以有个"风水好"的居所（或工作场所）可以使人生活舒适、平安，好运也会比别人加倍。构建一个好的风水磁场会给人带来好运气，两者看似风马牛不相及，可剖析其中是有其合理成分的。作者在多年的设计工作中总结了许多经验，在本书中把自己在"风水"方面的经验结合一些实例介绍给读者，互相探讨一下，共同体会其中的奥妙。

本书专门就中国风水学与建筑学密不可分的关系加以综合分析。为了使读者不仅对风水学在家居设计上的应用有所认识，对于现代建筑、城市建筑与风水学的联系亦有所了解。编写时我们尽量深入浅出，图文并茂，比较全面地揭示了中国风水学在现代建筑中的重要应用价值和实践地位，其学术观点虽力求公允全面，仍恐难免挂一漏万，祈望能供各位同道参考以抛砖引玉。疏谬之处，敬望读者批评善正。

编者

第三章　别墅外观风水图解

第四章　别墅装修风水范例

第一章 选择住宅风水

一、住宅环境与风水

风水又称堪舆，是一种针对于寻找建筑物吉祥地点的景观评价系统，一种中国古代地理选址与布局的艺术。风水学的产生是人们希望把自身和谐地统一于自然中而采用的一种自我完善手段。它的核心内容是人们对居住、生存环境进行选择和改造。经过多年的历史变迁，风水的含义与内容已经有了很大变化。现代风水学的内涵与使命之一，就是要将传统风水学中的朴素真理，与现代自然环境和社会条件相结合。不仅要研究环境景观的美学特点、建筑学规律和植物学规律，而且要进一步研究环境景观的结构、方位、材料、色彩、外形及其信息对人类生理和心理的各种作用力，从而探索、选择和营造出有利于人类身体健康和事业发展的环境景观的科学规律和方法。

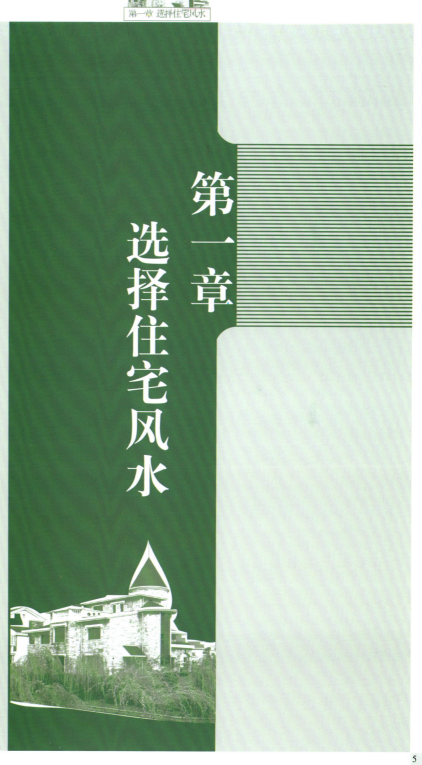

5

人居两旺之别墅风水

1. 住宅与江河

古人云："富贵贫贱在水神"。水的吉凶应验相当神速，大凡风水名家都特别注重用水。

江、河、湖是流动的水，能带动住房附近的气场。如得到生旺方位气场，住房便吉祥安好；得到衰败方位气场，住房便缺生气。

江河流水宜清宜静，如河水长年浑浊为煞水，大门处见河水直去为漏财，日久必败。

(1)"丫"字形水流

像岛一样，被"丫"字形的河流包围在其中，水流形式就像"剪刀煞"一样，这样的风水是最不适宜居住的，应尽快更换家宅。以科学观点来看，对于泛滥失控的水流，此地会首当其冲遭受危害。

(2) 水从屋中流

有些工厂盖在水渠边，因为拓建厂房，而将水渠盖上地基，再在上面加盖新的厂房，此种住宅也不适于居住。以科学的观点来看，密闭的水道无法清扫消毒，容易藏污纳垢，滋生病菌。若是水道由金属制成，生锈的金属所释放出的毒素，会使附近的土地或地下水遭受污染。

(3) 玉带环腰

家宅被环绕于圆弧内面，称为"玉带环腰"，风水上主利前途。但是这样的玉带不能高于屋顶，所以像有些高架桥或是轻运轨道的大转弯地带，车道以上的住家会比车道以下的住家在地势上有利。从科学的观点而言，位于"玉带环腰"的房屋，由于形状与"反弓煞"相反，在物理上刚好可以完全消除所有"反弓煞"会有的危险。

风水吉祥物品图鉴

(4) 反弓煞

房屋500米之内若是有弯曲的河流、大水沟或是道路经过，会对住家产生风水上的影响。如果是位于圆弧的外面，由于形状像弓箭对着自己，称作"反弓煞"或"镰刀煞"，这样的河流叫"割脚水"或是"镰刀水"。以科学的观点来看，因为河流泛滥多半是从反弓的地方溢出；而以道路而言，若是有车辆打滑失控，也常有撞进反弓方房屋的情况发生，所以住在这样的地方很不好。不过由于这种煞气会带来争斗，所以从另一方面来说，这种位置上反而适合经营一些跟兵器拳脚有关的行业，例如，跆拳道馆、中医跌打诊所等。

(5) 水流直泻千里

住宅门前有河流直水而去，俗称泄气住宅。从物理学上说，水的快速流动必然带动周围空气的运动。河水运动是周而复始永不停息的，预示住者会很劳苦。

(6) 斜飞水

住宅门前1000米内有河水斜向流过，主破财，易离乡，易孤独，有发生意外的危险。

(7) 面水而来

宅门前有流水正面冲流，水气会较为严重，长期受水流的影响会产生不利于居住者健康的不宜因素。而且从自然环境来说，在直冲水流处建宅容易受到潮水涨落的影响。

壁挂

您认为此物有何寓意？请参与有奖解答。

风水 小贴士

楼房应该靠山而建，不应该面山而建。面山而建必然前高后低，不宜；而且应该坐实朝空，面山而建是坐空朝实，不宜。

2.住宅与山川、道路

(1) 双道夹屋

住宅两旁都有道路。道路通常是交通、人流繁忙之地，若长期居住会产生精神衰弱的症状。

(2) 箭穿心煞

有宅屋、桥路直冲，会有意外的灾害伤人。

(3) 角地建屋

三角地建屋不宜作为住家，否则对宅中人不利，若经营商店必辛劳而无获。

(4) 面山屋

因为面山，常常"碰壁"的结果会诸事不顺。以科学观点来看，房屋正面是山，坐在家中望向屋外就是满目的山壁，开门第一眼见到的也是山壁，视线长期受阻，潜意识中有种被困住的错觉，容易产生很大的精神压力，进而影响日常工作和学业，化解的方式是在屋前悬挂开过光的"山海镇"，即可改善。

(5) 背山屋

是指位于山脚下的住宅，背山而立，与山相距很近，这种建筑也不适合居住。峭壁下的房屋，在下雨时会承受由山上直落下、力道极大的水流或是沙土砾石，久而久之建筑会很容易损坏；另一方面，堆积在屋顶的沙土里难免会有一些枯叶断枝等，经过日晒雨淋腐化后，容易滋生蚊蝇病菌，间接威胁到住户的健康。而最糟糕的情况是一旦遇到强烈的地震或山崩，位在峭壁下方的住家，将有可能遭到砂石灭顶的危机。

风水吉祥物品图鉴

水晶压煞施滑坠

能形成新能量。

您对此物有何其他观点？请参与有奖解答。

风水
小贴士

　　楼后山石嶙峋，不宜家人居住。可以把窗帘放下既可带来好运。

3.住宅与池塘、湖泊

（1）池塘与湖泊相对来说属静水，但会对住宅周边的气场产生一定的影响，所以建房时要特别注意。

（2）住宅门前右边有池塘者，对住宅内女性有负面影响，严重者会生顽疾。

（3）住宅门前左边有池塘者，使住宅内的人财源广进，人口平安。

（4）住宅门前池塘若成莲花形者，大吉，宅主富贵，人丁兴旺，官运亨通。

（5）住宅门前池塘若成半月形者，大吉，主聚财。

4.住宅的周边环境

（1）住宅建于山端下或山谷溪流出口，不宜

山端与平地相交接的崖下，有山谷溪流出口的河流过往，隐藏着山崩或溪水泛滥成灾的危险，因此，在家相学中这种警告倒是很有道理。

在地理学上，两座山围成的扇状地形，因急流经年累月的经过，河水携带泥沙慢慢沉淀，尤其在河川出口处堆积大量泥沙，实在很危险。千万不要为了风景优美、交通方便的缘故而选择扇状地建造住宅，冒着风雨成灾的危险。有些地方虽然环境优美，但是却有洪水与山崩的危险性存在，所以建筑也受到了法律的约束。

如果购买新土地兴建住宅，必须考虑到天然环境的利弊，免得将来担惊受怕，后悔莫及。

（2）住宅设于道路尽头处，不宜

道路尽头分为两种情形，第一种是T字形道路的尽头，第二种是巷道尾端。

住宅建在T字形道路尽头，有两种危险：一种是容易受到敌人的袭击；另一种是台风时承受风力最强，尤其发生火灾时，这种住宅遭受的灾害最为惨重。另外，此地发生车祸的比率比其他地区要高出很多。

至于巷道尾端的住宅，缺点约可分为三种：第一，是外出时，必须经过别人住家前面，处处觉得不方便；第二，是火灾时，除非巷尾另有其他通路，否则逃生不易，增加危险性；第三，是巷道尾端申请建筑许可不太容易，有各种建筑限制，处理起来很麻烦。

（3）住宅西面有大道为好

住宅西面有大道，优点有两点。第一，是较具隐密性，有利于保护家庭的私人空间；第二，是可以充分有效地利用土地。

因为许多建筑为避免外界的窥视，也为了防止强烈的阳光西晒，在住宅设计上，西侧面的门窗总是尽可能减少，可以有效地保护居家生活的隐私。

从有效利用土地上来说，最佳的住宅设计是西面立定住家基础。靠北、东、南广为庭院。如此一来，不但可以拓宽庭院，还可与邻居保持一段距离。依这种建筑设计的住宅，隔间容易，玄关可以设在道路西侧或北侧。西、北两面的房间窗户少开，东南两侧尽量设大门、窗，以求能接受更多阳光。道路在北侧的建筑用地虽然有相同的优点，但必须注意到冬天北风吹向的问题，对于玄关与大门的位置要特别注意。道路在南侧，则利弊皆有，虽可吸收充分的阳光，但却缺乏隐秘性，所以在设计上要多加考虑。

龙的圆盘

富贵吉祥之源动力。

您认为此含意对吗？请参与有奖解答。

风水 小贴士

门前正对一条马路直冲的住宅不宜选择。门前的路成"丁"字形，也是不适合的家宅选择。住宅一般喜回旋忌直冲，如果大门正对道路直冲，车辆经过越多越危险。

（4）住宅门前有大树阻挡，不宜

门前有大树挡着，不仅妨碍阳气进入，也阻挡了阳气的去路。阴天还得提防雨打雷劈的危险；秋天来临时，大量落叶妨碍观瞻，扫不胜扫；家里若有汽车，出入也不方便。

（5）四周住宅建筑低矮，不宜

单独一栋的住宅若比四周住宅高而突出，是不吉利的现象，家道会中落，财产会减少，较具危险性。原因是失去了平衡。

如果土地狭小，建地面积太小，但又必须足够大的住宅才能容易纳家人，那么，除了在高度上想办法外，还有一个建地下室的好方法。虽然地下室潮湿，光线不足，通风程度较差，但是如果在设计上针对这些缺点，想办法加以补救，并合理安排功能区域，也未尝不是个扩大建地的良策。

（6）住宅不宜邻近菜市场

大多数菜市场环境卫生差，易生细菌、害虫，并会散发出难闻的气味。在此居住对身体健康大为不利，菜市场较为嘈杂，影响周边居民的休息，与菜市场相邻实为不利。

（7）住宅不宜邻近车站、机场、戏院、电影院

车站、机场是制造噪音的聚集之地，人流混杂，交通复杂，治安堪忧。而且此类人流变化极大的地方，气场的繁杂，不利于身心健康，影响居住者工作和学习的心情。

（8）不能与火葬场、殡仪馆、墓地等为邻

其实也无需多言，与火葬场、殡仪馆等地方为邻的地块，实在不适宜开发住宅小区。建议您在购房前做好一定的调查，以免为家居生活带来不利的影响。

（9）烟囱太近不相宜

北方的小区中集中供暖较为常见。无论是以何种方式采暖，大都立有一个高高的烟囱排放烟尘，尽管会经过一定的净化处理，但经常处于这种轻度污染之中，一定会影响人们的身体健康。

（10）远离高压线塔、变电器等设备

高压线塔、变电器等设备的电力磁场极强，就连手机的微弱电磁波都对大脑有所刺激，更何况是高压线等设备呢。更要注意的是，紧邻强磁场对于婴幼儿的成长极为不利。

二、选择住宅的方法

据研究证明，华夏民族很重视居所，若是经济能力许可，必定购买房屋物业，认为这样才能安居乐业，才可生根立命，否则便会有飘泊无依的失落感。因此，人们不论身处何地，均以置业安居作为首要目标。既然用了这么多心血去买住宅，当然希望自己的物业可以住得舒适。

1. 住宅风水的衡量

住址风水的优良主要从以下三方面衡量：

（1）周围的地形

需要呈马蹄形的隐蔽地形。以马蹄形的山丘为靠背，前面能有临水的开阔地形，最吉祥的地点——风水穴，位于山脊当中主山峰的山脚下。

（2）水

吉祥地本身必须是干燥的，但距吉祥地点不远的前方应该有水。

（3）方位

具有以上条件的地方还应该面向吉祥的方向。一般来说是指向阳的方向，最好朝南。

很多人希望挑一所风水好的房子来居住，但却不知应该如何选择？现在便把选择好房屋的简易方法告诉读者，可供大家作为买楼时的参考。

龙形摆饰

龙代表权威及富贵吉祥之意，凡生肖属鼠、虎、兔、猴、鸡的人，均宜配戴此类饰物，有催财及解煞的作用。

您同意上述观点吗？请参与有奖解答。

风水 小贴士

一般跃层、复式住宅、联体别墅、别墅等豪宅的一层都有前后门，后门一般通向后花园。注意前门与后门不要在一条直线上，错开为宜。如果已在一条直线上，可在前门或后门处做些装饰遮挡。

2.旺宅选址8大要诀

（1）南方有空地，宜室又宜家

住宅南方保有空地，对于家居住宅来说是件非常有利的事情。不论只是一块单纯的空地或已经开辟作庭园，对居住在其中的人都会有良好的影响。如果南方面对的是一个公园，又可得到更多的休憩和娱乐空间。

（2）城市山林，净化空气

在目前高度城市化的情形下，人们拥有的绿地越来越少，城乡的距离越来越近，几年前的绿色田野已经逐渐被现代化的建筑所取代。想要拥有真正的城市山林并不是件容易的事，因此在选房的时候需要多加留意。

（3）选楼最好选正向

小区因设计和地势的需要，往往有一部分的楼是正向的，而有一部分的楼可能会偏离正方向15～20度。如果您提前准备，且有很大的选择空间，那一定要选择正向楼。何谓正向楼呢？就是正南正北、正东正西、正西北东南、正东北西南。看上去是4个方向，实际上是8个方向。坐南朝北和坐北朝南，坐东朝西和坐西朝东、坐西北朝东南和坐东南朝西北，坐东北朝西南和坐西南朝东北。

那什么是"坐"和"向"呢？门的朝向就是"向"，打开门是哪个方向哪就是门的朝向，向的相反方向就是坐。严格地讲，没有真正意义上的正南正北，因为地球本身存在着磁偏角所致。所谓正西北东南和正东北西南用"正"字，是为了区别其他方向而言的。您不用掌握详细的方向要则，只要在平面图上按上北下南左西右东，标上四个正向，再在北与东之间标上东北，东与南之间标上东南，南与西之间标上西南，西与北之间标上西北，这样就有了八个方向。可以用这些标有方向的平面图去衡量楼向，虽然不一定很准确，但可以作为参考。至于那些不在上述八个方向上的楼盘，可以放到第二选择或第三选择上。

（4）客厅建在房屋正中央最宜居家

客厅是家人生活的主要区域，也是家庭展示给外界的一个窗口，可以说客厅是一个家庭的核心空间，就如同人的心脏一样重要。因此将客厅建在同样是居室心脏的正中位置再合适不过了。

（5）楼前宽阔最相宜

楼前有空场、园林是居住的最佳环境。楼前有空地和休闲场所，人们自然会踱出室外，或散步、玩耍，或锻炼、休憩，尽情呼吸自然空气。专家建议，每天至少要进行30分钟步行锻炼，才能保证身体健康。

（6）地势宜平

选择房屋时尽量挑选地势平坦的地方，如果位于斜坡的地方会使居住者产生安全上的顾虑。从科学角度考虑，地势平坦的房屋较为平稳。若出于环境考虑而将房屋建于斜坡之上，那么在选购时便要特别小心观察周围环境，如果房屋的大门正对一条甚为斜的山坡，那便不宜选作居所。

（7）住宅背后靠山最相宜

住宅背后靠山，象征着家庭和事业有背有靠，有利于居者的事业发展和财运。

（8）住宅周围绿化利于身心健康

绿色代表生机和希望，绿色植物更有净化空气的作用，因此在住宅周围有丰富的绿化十分有益居者的身心健康。

3.家庭购房30禁忌

(1) 风大不宜

各位在购楼时，应该在房屋的周围巡视一番，看看附近的环境是否有缺陷。首先应该注意风势，倘若发觉房屋附近风大，且十分急劲，那便不宜选购了。

风水学最重视"藏风聚气"，但倘若风势过缓，空气不大流通，那亦绝非住宅所宜。最理想的居住环境，当是有柔和的风徐徐吹来，清风送爽，这才符合居住之道。

(2) 白墙蓝瓦，居家不利

庭园式的建筑或有瓦的屋顶切忌用白墙蓝瓦，因为此类色调大多用于灵堂、阴宅、纪念堂等处，不适合一般住宅使用。

(3) 长廊穿屋，隔断居室气场

除了公园或大型庭园式的饭店、休闲游乐区，一般住宅尽量避免设置长廊围绕。

(4) 半边路冲较不吉

随着城市建设的发展，常常有道路进行拓宽，因此，有些建筑物可能会造成半边路冲的情形。当然以被路直冲的这半边较为不利，居住在内的住户最好不要背对玻璃窗坐卧。

(5) 面对地下室停车场入口

地下室停车场往往比较阴暗，没有阳光的照射，是俗语所说的阴气较重。若一楼住宅或商店的大门正对地下室入口，是不太适宜的。

(6) 门前S形路需视情况而论

通常而言，住宅门前如有S形路横向而来，可视具体情况而论，对着外弓路者较为有利，反之，对着内弯路则较为不宜。

(7) 窄巷开门，难有发展

通常窄巷是指通道只有3~5米宽度，进出很不方便，这样密集的居住环境令人的身心颇受压抑，长期居住，各方面都难有发展。

山水龙

可以加强财运，带来好运。

您认为此物品还有其他用途吗？请参与有奖解答。

风水 小贴士

低矮楼层的别墅房要特别考虑地基是否干净的问题。如果地基处原来是池塘或小河，则别墅建成后地上的潮气会过重。如果是建在医院、寺庙、坟墓的遗址，会给人的心理带来不安。

(8) 住宅不宜选在闹市区

大都市中的闹市区原本就不适合居家，源于闹市区大多处于交通紊乱之处，时时刻刻都有汽车尾气的污染和各种噪声的影响，不适合一般人作为居家之所，久住会对人身心产生不利的影响。

(9) 瘦长之屋，三角形、屋形如船的楼不宜选

有的房屋会受限于建地地理环境特点的影响，建成为形状瘦长的住宅，此房屋不够美观，而且会有一些安全上的隐患，并不适合普通人家居住生活。

人字形楼也算是三角形楼宇。在五行中，把三角形的楼宇归于"火"的范围里。火形（即三角形）三边均是锐角。

通常在"Y"字形路最容易形成这样的屋子，不适于住家，用作特殊行业或商用尚可。

(10) 独立家屋、一楼独高不宜选

选房时应详细观察一下四周的环境，如果家宅是周围都无依无靠的独立家屋，则楼屋越高，孤立的情形越严重。久住其中，难免会有孤立无援的心理感受。

一排或一片楼中，一楼独高，其他楼都低，并不适合。例如：低层或小高层楼的中间有一个高层塔楼，或一片平房和两层楼中间突然冒出一个小高层来，还有，如果您看上的一组楼盘首尾相连，龙头部位一楼突起，也算一楼独高。

(11) 大门低矮，败运之宅

屋小门大固然不利，但如果每日进出的大门甚为低矮，也很是不利。大门的高矮应以普通成人的身高为衡量标准，如果低于这个标准，使来者必须弯腰低头才能进入，其中的不便自不必说了。

(12) 滨海屋宇安全为首

滨海而居，不论从景观上，或是利于健康的自然环境方面而言，都是极佳的居住之地。但是，购置前需考察一下周围的地势和安全问题，以免海潮涨落对住宅产生影响。

(13) 圆形之屋不宜住家

天圆地方，圆形为动，方形为静，住家宜静不宜动。所以圆形之屋多用于商业办公空间，而不太适合住家。

(14) 高墙当户，气势受阻

如果一开门就见到有堵高墙横在屋前，不但视线会受到阻碍，空气很难顺利流通，而且住宅的气势都会受到阻碍。门前若有快速车道横过也很不利，出门时总要担心安全问题。

(15) 下坡地段，气往低处流

处于下坡地段的住宅也较为不利。气就像水一样，会往最低的地方流去。如果一定要选择这种地势附近的屋子，可在下雨天观察，看雨水最后汇集处的屋宇就是可以考虑的居所。

(16) 反光冲射不宜

现代建筑中玻璃幕墙的应用越来越广泛，虽然很是美观，但却产生了一种新型的光污染。如果采用的是反光玻璃，影响就更为严重，位于家宅的东西两方尤烈。长期受到光污染的危害会使人心情烦躁，情绪低落。

(17) 透明之屋不适合住家

全透明的玻璃帷幕建筑只适合做无私秘性顾虑的办公或商用空间。用来做住家，完全无任何隐私性可言，会令居住者产生巨大的心理压力，更有患上神经衰弱的危险。

(18) 全石材之屋需防氡气之害

现代化的豪华宅第喜欢采用各色花岗石作为建材以彰显气派。但根据科学研究，花岗石会释放致癌的射线——氡气，对人体有害，务必小心。

(19) "7"字拐弯形楼不宜选

楼宇建成"7"字模样，一头楼翼长，一头楼翼短，拐个直角弯，不宜首选。户型是"7"字形的也不宜选择。

(20) 楼处尽头最不宜

住宅建在道路的尽头，直冲迎面而来的道路，不宜选。自己的大门当然也不要被路直冲，门与路的位置稍稍错开为宜。

(21) 楼中穿洞，上方不宜

许多楼盘喜欢在楼体中间开上一个高高的门洞，这种形式未尝不可，只是在门洞上方的楼层不宜居住，但若作为商业用途却可收到很好的效果。

(22) 楼台亭阁，飞檐斗拱不宜冲向家宅

一般开发商喜欢在小区内营造一些仿古建筑，如亭台楼阁等，尤其是南方式的建筑，飞檐会翘得很高很尖，只要不是向家宅刺来，一般可选。如果您选的楼层很高，而园中的建筑低矮倒也无妨。

水晶龙

有利于考试、学业。

此物品适合摆放在什么位置？请参与有奖解答。

风水小贴士

围墙的建筑不可紧逼家宅，否则易给人压迫感，造成精神郁闷。建宅时不宜先建围墙后建宅。

（23）楼顶不宜有尖塔

楼盘对面的楼顶上不宜设有大型尖塔。有时出于通讯的需要或美观的要求，会在一些楼顶上架设尖塔，但只要距离不是很近（200米以内），一般关系不大；如果又高又近，正好是在自己住宅的窗外，还是避开为宜。

（24）楼距不宜太近

合理的楼与楼之间距离是1：5。如果达不到也不要紧，只要感觉楼与楼之间的距离不是太近即可。北方的日照比南方差，所以北方的楼距要远些，南方的楼距可以相对近些。家庭的采光多少与时间长短都取决于所处位置的纬度。南方地界不需要太多的日照，应有计划地回避一些，而北方地区则需要更多地迎合阳光。

（25）阳光不足不宜

阳宅风水最讲究阳光、空气，所以选择房屋居住，不但要空气清爽，而且还要阳光充足。若是阳光不充足的房屋，往往会阴暗潮湿，令人心情压抑烦闷。

（26）中心受污不宜

这是指厕所不宜位于房屋的中心部位，否则这便有如向人的心脏堆积废物之感。倘若厕所并不是位于房屋中心，而是位于房屋后半部的中心，刚好与大门成一直线，那也不宜选作居所。

（27）街道反弓不宜

所谓街道"反弓"，是指房屋前面的街道弯曲，而弯角直冲大门，这样的房子不宜选购。

（28）衙前庙后不宜

这是指官府衙门（特别是警局及军营）的前面，以及寺院道观的后面，这些地方都不宜居住。原因是杀气重，住在它的对面，便会首当其冲承受杀气；寺庙是阴气凝聚之处，住得太近并不适宜。

（29）大门围墙一高一低不利

大门的围墙最不宜一高一低或一大一小，看起来不甚美观，且房屋形状不规整也不符合"四平八稳"的传统观念。

（30）卧室房门不宜对大门

有的户型结构不甚合理，将卧室门安排在正对大门的位置，这样的情况使主人很难保有隐私性，卧室是需要安静的空间，直冲大门的户型会影响居者的正常睡眠和休息。

4.房屋形状与居家生活

房屋的形状也是属于住宅的先天因素，这些因素影响着住宅的通风、采光、纳气、排污等，进而对住宅主人的生活、事业、学习以及健康等产生影响。因此购买房子时，在考察了外围环境后，接下来的就要看它的房屋形状。考察一套住宅是否得当，要使人在知觉、视觉、嗅觉等各项感官以及心理感觉上都能有一个良好的体验。通俗地说，合理的住宅就是要清爽宜人，居住其间会有如沐春风的感觉。

首先，在选择房形上应以方方正正为最佳，方正的房子实用率最高，摆放家具也比较方便，并且容易满足通风采光等要求，居住其间会思路清晰、心情舒畅、家庭和睦。

其次，房子与居住者能否协调相融也十分重要。有些房子会予人如沐春风的感觉，而有些房子却会令人心情压抑，这是由房形与个人不能和谐地融合所导致的。因此，建议在购房时，不妨在室内静静呆上10分钟左右，感觉一下心情如何，再来进行决定。

（1）异型房屋的各种影响

有些房屋因为受土地条件等限制，会出现"缺角"的情形，或是不方正的格局。"缺角"的异形房屋容易造成一些对居住者不好的影响，宜尽早处理以免产生不利的局面。

①L型房屋

如果缺艮方，居住在内的人会因为缺少方位气场的影响而产生一些不利于家庭子女的情况。

如果缺坤方，可能会因为气流不畅，导致呼吸系统的疾病或是产生食欲不振的状况，长期如此也会损害胃肠系统。

如果缺巽方，会使屋内的阴气较重，不利于家中女性的身体健康。

如果缺乾方，则容易影响到肾脏、膀胱等泌尿系统，并影响到女性的子宫或下腹部健康。

②凹型房屋

如果缺坎方，居住在内的人口角是非特别多，家人容易生病。

如果缺离方，居住在内的人容易患眼疾、心血管等疾病。

如果缺兑方，居住在内的人会经常受到盗劫的危害。

如果缺震方，居住在内的人不能聚财，家中长子易生意外。

③异型房屋

震、兑方均缺，居住在内的人财运特别差，经济拮据，家中长男及少女运势不吉，易受损伤。

四个角均缺，这是最不吉利的住宅，住者百事不顺，永不能发。

三角形楼宇，居住在内的人易患风湿病且经常有破财的危险。

正方形楼宇，属最吉楼宇，四平八稳。居住者平安健康，财库稳健。

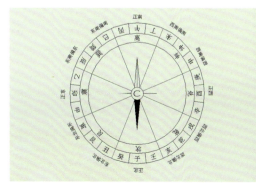

风水 小贴士

池塘、喷水池要设计成形状圆满，圆心微微突起的形状，并要向住宅微微倾斜内抱，如此设计才能藏风聚气，增加居住者的好运。

（2）户型选择8不宜

随着中国房地产业的日益发展，各种户型可谓层出不穷，但究竟什么样的户型才是真正适合人们居住的理想之居呢？其实，有些户型确实不是人们所能决定的，可以通过设计师的努力尽量避免户型不合理给居住者带来的种种不利影响。

但有些户型确实不应成为购房者的首选。

①锯齿形、多边形的户型难以掌握

户型的一边呈锯齿状，有进有出；很规则或不很规则；或是呈多边之形的房子在装修设计时都不易改造，难以掌握，如果有条件选择其他户型，这一种可以放在第二选择。

②曲折式的户型、走廊形的户型不宜选

户型不宜像迷宫一样曲折。家是平常起居之地，不是酒吧或商业空间，不要搞得奇形怪状。另外，户型完全是个大通道，宽不宽，长却很长，也不宜。

③菜刀形的户型不首选

户型看上去就像一把菜刀。如果设计师是出于无奈便可以理解；如果是为了翻新花样，最好避开这种形式。

④尖形的户型不首选

是指户型的某一角像被齐齐地切去一样，呈现出来一个尖形，不适合首选。

⑤如枪形的户型不宜选

有的户型怎么看怎么像一把手枪或是冲锋枪，不适合挑选。

⑥拐把式的户型不宜选

这种户型与手枪形很相似，呈现一个"7"字，形同拐把。

⑦三角形的户型大不宜

如果是纯粹的三角形的最好干脆不选，若经过装修的改造和处理倒也放在备选之列。

⑧飞翼的户型不首选

也许户型本身问题并不大，但位置处在楼盘的两个飞出的翼楼上，应该首选在正座上的户型。

那么，什么样的户型值得提倡呢？这需要具体情况具体分析，大概可以说是既艺术化又比较规范的、间隔尺寸比较符合人体工程学的、能够科学地整合建筑空间、方便人们起居的为最佳。

一、门窗布局

环境对人的影响毋容置疑，而风水对人的影响也是十分巨大的。所谓"天人合一"就指出了环境、人、风水间的密切联系。

人们居住的住宅也是环境的一部分。住宅内部的景观形态与装饰设计都能影响到人们的事业与生活。从本质上说，风水是追求人与环境和谐共融的一种手段，它通过一些约定俗成的规则与禁忌达到对家居环境的改造与影响。

对于构成家居结构的各个功能区域来说，如何进行合理地配置和设计都需要细心思考。风水学为我们提出了一些居所布置的方式和方法，包括房屋的朝向、格局布置、入口及通道、通风换气、采光采暖、厨卫的安排等。

虽然，对于家居设计而言，风水并不是最重要的影响因素，但我们也可以借助风水的智慧与哲理帮助改善与我们息息相关的居住环境。

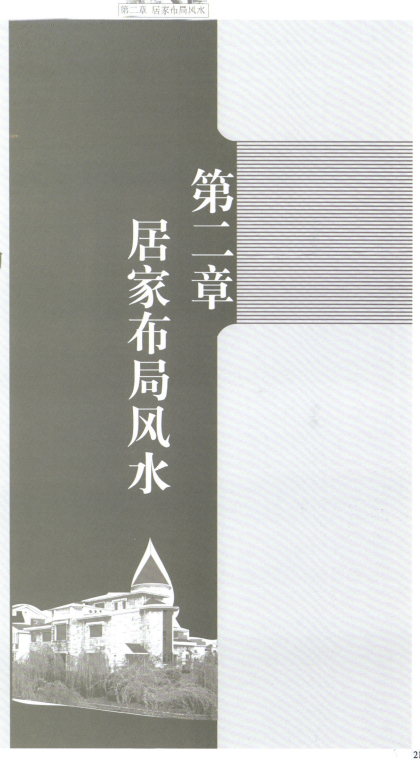

第二章 居家布局风水

1.门

门，指建筑物的出入口。而大门则是家宅的颜面。一个大门整洁庄重的住宅，自然会受到外界的尊重。门，是家与社会的区隔，也是家的颜面。一家人出出入入都要经过门，它是一个家最重要的出入口。对于住户来说，大门是身份的体现，如今豪宅受宠也正是这个原因。

（1）门的朝向与地垫颜色

许多家庭会在门前铺上一块地垫，而适宜的地垫也是影响宅运的重要因素。因为不同的颜色有不同的属性，如果门的朝向与地垫颜色配合恰当会为家居生活增添幸运。

门口朝向东方、东北方——搭配黑色地垫

门口朝向南方、东南方——搭配绿色地垫

门口朝向西方、西南方——搭配黄色地垫

门口朝向北方、西北方——搭配乳白色地垫

（2）大门宜忌

①门外区域宜整洁明亮

推开门来，视线应光亮整洁，门前不要堆放任何障碍物，有能够自由行动的空间，每天进出大门也会有舒畅通顺之感。如果门口空间比较小，可以通过在门口设置灯光或装饰浅色来进行视觉上的调整。

②大门不可正对电梯

如果电梯正对住户门，很难保证家居的隐私性，进出时总有一种被监视的感觉，影响到居家生活的质量。同时，上上下下的电梯也形成一个不断切割的磁场，扰乱人的生活气场，自然会影响到居住者的健康与运势。

③大门不可直对窗、后门或厕所

门和窗户是理气的通道，是气流进出屋内的开口。根据"忌直冲，喜回旋"的原理，大门不可与窗、后门连成一直线，这样，气流不能聚集于屋内，财富无法结集。厕所是秽气的空间，大门也不宜直对厕所。

④大门不能直对大树、死胡同、防火巷或三角形的街道

如果大树在门口，会纳入过重的阴气，大树不直冲大门即可。大门不能

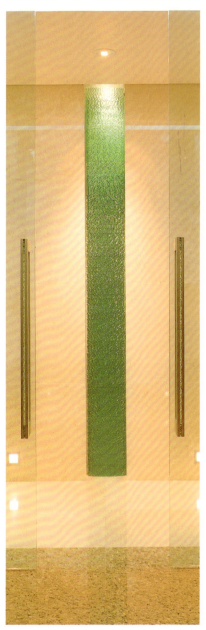

对死胡同、防火巷或三角形的街道，这些都是阴气或废气重的地方。大门更不能面对一座大山或山的峡口。山阻碍视线，而峡口则有如陷阱，经常面对陷阱，当然不好。

⑤大门不宜太窄

大门是家宅气口，气口不可太窄，门前宽广，称为明堂开阔，利于主人的学业和事业。

⑥面对烟囱不宜开门

烟囱所排出的是污气、废气，对于人体健康尤为不利，当然，阳台、窗外有烟囱也不好。

⑦大门不宜正对走廊或通道

大门不宜正对走廊或通道，住宅内部的进深小于走廊的长度，最为不宜。可于内部装饰屏风，以收改门之效。如果住宅在底层，大门正对大路，则可种上环形树丛或花丛。

⑧入门宜有三见

开门见红，也称开门见喜，即一开门就见到红色的墙壁或装饰品，放眼即有喜气之感，予人温暖振奋的精神感觉；开门见绿，即一开门就见到绿色植物，生机盎然，又可收养眼明目之功效；开门见画，若开门就能见到一幅雅致的小品或图画，一能体现居者的涵养，二可缓和进门后的仓促感。

⑨入门宜有三不见

开门见灶，火气冲人，令财气无法进入；开门见厕，一进门就见

到厕所，则秽气迎人；开门见镜，镜子会将财气反射出去。

改变门位的方法是在门内加设屏风。在古代，屏风在家居中的作用甚大，它的使用极广，凡厅堂居室都可设置屏风。屏风有三大作用，改变门位、分隔区域、保护隐私。而根据制作材料的不同，又可分成玻璃屏风、雕镂屏风、书画屏风等，屏风的特点是占地面积小又容易移动。

（3）大门的颜色和尺寸

选择门的材质和样式只要大方坚固即可，大门的尺寸与房子应成比例，不可门大宅小，亦不可宅大门小。同时，大门是一家的脸面，宜新不宜旧，大门如有破损，应立即更换，且门饰宜少。

大门的颜色最好与房主的五行之色相配，这样住宅的大门才更完美。

金命大门吉祥色：白、金、银、青、绿、黄、褐

木命大门吉祥色：青、绿、黄、啡、褐、灰、蓝

水命大门吉祥色：灰、蓝、红、橙、白、金、银

火命大门吉祥色：红、橙、白、金、银、青、绿

土命大门吉祥色：黄、褐、灰、蓝、红、橙、紫

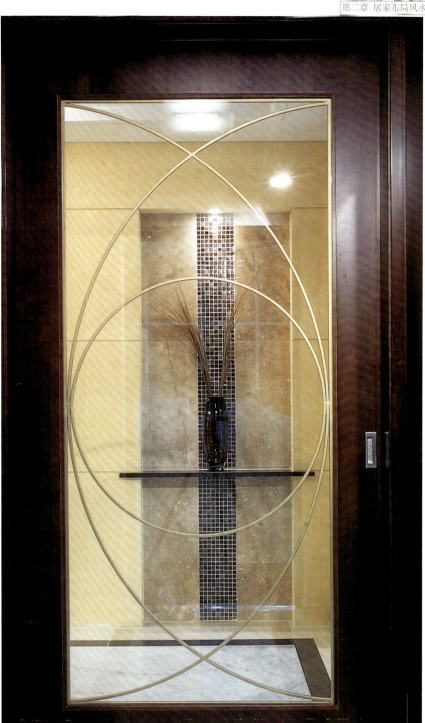

风水吉祥物品图鉴

许愿龙

提升愿望指数。

此物品是由什么制作的？请参与有奖解答。

风水小贴士

喷水池、游泳池、池塘里的水千万不能干枯，至少要有八分满。

2.窗

窗户和门一样，吸纳自然光线和空气进入室内，是私人生活与外界交流的通道。它使人们同外界保持适度的距离，获得独立性和安全感，又透过它与自然界连接在一起。窗户的设计应以屋内空气的对流为重点。

窗是房屋的眼睛，开阔视野，交流内外，在家中扮演着不可或缺的重要角色。它的种类、形状、方位，都会对住宅的风水产生一定影响。

（1）开窗的方式

窗户的设计可决定气的流通。窗户最好能完全打开，向外开，不宜向内、向下或向上斜开。其中以向外开的窗户最佳。一方面不影响空间，更为实用；一方面也可加强居住者的事业机会。向外的开窗可使大量的清新气流进入，浊气外流。而向内开的窗户，不利于空间的利用，且窗角容易伤人。

近几年流行的飘窗，是指把窗台向外延伸50～60厘米，增加室内的实用面积，令房间更为开阔，很值得提倡。但有的开发商为了照顾

楼宇立面外形，住住窗户很大，但可以开启的窗门却非常小，不利于家居的通风。

（2）窗户的设计

窗户数量要适中。窗户可以保证家庭的内外之气自由流通，但如果窗户太多则会扰乱平和气场，居家生活容易紧张，难以松弛。反之，如果窗户太少，内气抑郁其中，无法吐故纳新，也不利于居住者的身体健康。

窗户大小要适中。客厅或卧室的窗户过大容易导致内气外泄，可悬挂百叶窗或窗帘来弥补这个缺陷。如家中有大型落地窗，夏天会有过多的阳光和热量进入室内，冬天又会使室内的热量迅速流失，应加设窗帘改善。窗户虽然不宜过大，但也不宜过小，过小的窗口会使居者的视野狭小。

窗户的高度需适当。窗户的顶端高度必须超过大多数居住者的身高，这样既可增加居住者的自信和气度，在眺望窗外景致时，也会感到分外轻松。

（3）窗帘的使用

窗帘有保护家居隐私、阻挡外界干扰及美化家居的作用。以材料来划分，有布帘、纱帘、竹帘、胶帘、铝片帘以及木帘等；此外，又可分为向左右拉开的帘，向上下拉卷的帘，以及固定不动的木百叶帘等。窗帘的花色与图案更是千变万化，令人眼花缭乱。原则上，阳光充足的窗户宜用质地较厚、颜色较深的窗帘；阳光不足的窗户，宜用质地较薄而颜色较浅的帘。

窗户倘若正对医院或尖锐的屋角、不洁之物等，且相距甚近，那应在窗户安装木制百叶帘。较大的房间，最好使用布窗帘，落地的长帘可营造一种恬静而温暖的气氛。但是在小房间，小窗户往往会减低房间暴露于阳光的程度，因此选择容易让大量光线透过的百叶窗较好。

金色风水龙（铜制）

龙是四灵兽之首，故在历代皇朝中，皇帝以金龙来代表自己的至高无上地位。

摆放时龙头的朝向有什么讲究？请参与有奖解答。

风水 小贴士

住宅的大门前忌有长石或怪石挡道，否则会对居住者造成心理上的不良影响。

1. 玄关的遮掩作用

客厅是一家大小日常聚会的场所，是家庭的活动中心，所以不能太过暴露。在如今的户型设计中，有许多是人站在门外便能将室内看得清清楚楚的，缺乏隐秘性。所以玄关的存在就十分有必要。也就是说，进门后要有一个缓冲的空间，有一个类似影壁的屏风，使得门外的视线不能直视，同时家中的气不致外泄。

玄关是大门与客厅的缓冲地带，起到了基本的遮掩作用。在客厅里会感受到安全性大增，同时也不怕隐私外露。如果大门向着西北或是正北，冬天常受凛冽的寒风侵袭，就更需要玄关来作遮挡。贴近地面的房屋，往往易被外边的强风和沙尘渗透，设玄关既可防风，亦可防尘，保持室内的温暖和洁净。

2. 营造玄关

玄关也有一定的功能要求。一般天花不宜太高，吊顶部分应相对低一些，高度尺寸应该在2.5～2.57米和2.62～2.65米之间，或者是更高一点的2.7～2.76米的范围，令家居高度相对有错落变化；吊顶中心位置可嵌入筒灯，让玄关明亮起来。玄关正立面也可以镶嵌一面镜子，出入门时可整理仪表；玄关的侧立面应该是鞋柜和挂衣钩、柜橱一类的陈设，便于更衣换鞋，也可以根据实地情况和家庭需要设计其他形式的壁橱或家具。

二、玄关布局

玄关又称斗室、过厅、门厅。玄关的说法源于日本，因为进屋后先要换上拖鞋和家居服，才好在榻榻米上坐卧，日本人的住宅中是绝对不能少了玄关的。当国内兴起装修热时，人们进屋之后也习惯了换拖鞋和家居服，一个过渡空间开始显得必不可少。

玄关在居室中所占面积虽然不大，但使用频率较高，是进出住宅的必经之处。在房间装修中，人们往往最重视客厅的装饰和布置，而忽略对玄关的装饰，其实，在房间的整体设计中，玄关是给人第一印象的地方，是反映主人文化气质的"脸面"。

在现代装修中，玄关注重的是实用和氛围的营造，所体现的是居室主人的文化品位与性格。于是，怎样"精""巧"结合，成了营造这种氛围的关键与用心之处。玄关设计一定要简洁、明快，做到点、线、面结合，切忌繁缛。

风水吉祥物品图鉴

3.玄关设计要点

（1）天花安置宜高不宜低

玄关顶上的天花若是太低，会有压迫感，属于不吉之兆，象征家人备受压迫，难有出头时日。天花高，则玄关空气流通较为舒畅，对住宅的气运也大有裨益。

（2）色调宜轻不宜重

如果天花的颜色比地板深，上重下轻的设计，不仅有失美观而且象征长幼失序，上下不睦。天花板的颜色应较地板浅，上轻下重，才是合理的格局。

（3）灯宜方圆忌三角

有人喜欢把数盏筒灯或射灯安装在玄关顶上用来照明，但避免将灯布置成三角形，最好排列成方形或圆形，象征方正平稳与团圆。

（4）墙壁间格应下实上虚

玄关的下半部宜以砖墙或木板作为根基，扎实稳重，而上半部则可用玻璃来装饰，透而不漏最为理想。建议采用磨砂玻璃，这样既美观又实用。

（5）间格颜色须深浅适中

玄关的墙壁间格颜色不宜太深，以免色调昏暗没有活力。最理想的颜色组合是：天花板颜色最浅，地板颜色最深，墙壁颜色则介于两者之间，作为上下的调和与过渡。

（6）墙壁间格宜平滑

玄关是住宅进出的主要通道，墙壁及地板平滑则气流畅通无阻。如以凸出的石块作装饰，凹凸不平，则宅运便会有诸多阻滞，必须尽量避免。

（7）地板宜平整

地板平整可令宅运顺畅，也可避免失足摔跤。同时，玄关的地板宜尽量保持水平，不应有高低之分。

古铜色风水龙（铜制）

现代人士都喜欢在厅内放此类物品以添祥瑞之气。

此物品还有何用途？请参与有奖解答。

风水 小贴士

不宜在中庭种植大量花木，因为花木易招蚊虫。不宜种植桃树、石榴树、梨树、梅树、杏树。

(8) 玄关地板的图案忌有尖角冲门

玄关地板的图案花样繁多，应选择寓意吉祥的内容，必须避免选用那些多尖角的图案，切忌尖角冲门。

(9) 玄关的地板忌太光滑

玄关的地板若十分光滑，从家居安全角度来说并不理想，因为家人或宾客容易滑倒受伤。地下排水管也不宜跨越大门和玄关之间，以免财水内外交流时，在玄关受污，导致家人健康不佳，财路不顺。

(10) 设置鞋柜

在玄关放置鞋柜，顺理成章，无论是主、客在此换鞋都很方便。在玄关放置鞋柜需要注意：

①鞋柜不宜太高，鞋柜的高度不宜超过户主身高。

②鞋柜的面积宜小不宜大，宜矮不宜高，鞋子宜藏不宜露。

③鞋柜必须设法减少异味，否则异味若向四周扩散，根本无好风水可言。

④鞋头宜向上而不宜向下，在摆放鞋子时，鞋头必须向上，这有步步高升的意味。

⑤鞋柜宜侧不宜中，鞋柜虽然实用，但却难登大雅之堂。宜侧不宜中，即指鞋柜不宜摆放在正中位置，最好把它向两旁移开一些，离开中心的焦点。

4.玄关装饰

(1) 植物的布局

玄关是访客入室所见的第一个区域，在此摆放的植物对整个家庭的外观形象有着至关重要的影响。配合灯光的装点，许多大型植物、树木及盛开的兰花盆栽等设计，都适用于玄关。玄关与客厅可以考虑摆设同种类的植物，使人在视觉上构成一种整体性和互通性。

必须注意的是，摆放在玄关的植物宜以常绿赏叶植物为主，例如，铁树、发财树、黄金葛及赏叶榕等。而有刺的植物如仙人掌、玫瑰、杜鹃等切勿放在玄关处，而且玄关植物必须保持常绿，若有枯黄要尽快更换。

当玄关位于东北方向时，宜以白色为主色调，装饰的花卉也以白色为最佳，照片或装饰画的白花也可。在玄关处的鞋柜上摆一盆红色鲜花，可为家室招来好运，黄色花利于爱情，橙色花利于旅行，粉色花利于人际关系。

(2) 饰物的选择

从许多古代建筑中我们可以发现，古人喜欢摆放狮子、麒麟这些威猛而具有灵性的猛兽在家门口，作为住宅的守护神。现代住宅如果摆放狮子或麒麟在屋外，往往会受到诸多限制，但摆在玄关内，面向大门之处，同样也可起到护宅之效。

不少人家喜欢在玄关摆放各种动物造型的工艺品，但不可与户主的生肖相冲。

十二生肖相冲的情况如下：

生肖属鼠——忌马　生肖属马——忌鼠
生肖属牛——忌羊　生肖属羊——忌牛
生肖属虎——忌猴　生肖属猴——忌虎
生肖属兔——忌鸡　生肖属鸡——忌兔
生肖属龙——忌狗　生肖属狗——忌龙
生肖属蛇——忌猪　生肖属猪——忌蛇

(3) 玄关镜片的安装

在玄关安镜可作为进出时整理仪表之用，更能令空间显得更为宽阔、明亮。但镜子不能对正大门，玄关顶上也不宜张贴镜片，若一进门，抬头就可见自己的倒影，便有头下脚上、乾坤颠倒之感。

风水吉祥物品图鉴

5.玄关的美化要素

（1）明亮

玄关宜明不宜暗，除了适宜采用较通透的磨砂玻璃外，木地板、地砖或地毯的颜色都不可太深。玄关处如果没有室外的自然光，要用室内灯光来补救，如安装长明灯。

（2）通透

玄关的间格应以通透为主，因此通透的磨砂玻璃较厚重的木板更佳，即使必须采用木板，也应采用色调较明亮的色系。

（3）适中

玄关的间格不宜太高或太低，要适中，以2米的高度最为适宜。若玄关的间格太高，身处其中会有压迫感，太低，则没有效果，无论在风水方面以及设计方面均不妥当。

（4）整洁

玄关宜保持整洁清爽，若是堆放太多杂物，会令玄关杂乱无章，影响居住者和访客的心情。

水晶金龙（铜制）

高贵、富有的象征。

此物品应如何摆放？请参与有奖解答。

风水 小贴士

窗外如果见着三角形的水流河汉被称为水形火，其影响和"Y"形路口差不多，化解的办法是挂垂帘挡住。

三、客厅布局

客厅是介于私人与公开的聚会空间，是全家的日常活动中心，客厅在家居布局中处于重要的战略地位。从客厅的格局可以看出主人的涵养与气度，由于客厅的范围广阔，与其他功能区域互相联系，摆设在其中的家具又很多，对于整个宅运的影响很大，因此，在家居装饰中客厅的地位非常重要。

1.位置

客厅是公共的场所，是住宅中所有功能区域的连接点，最好设置在住宅的心脏位置即家宅的中央区域。客厅应在房前，而不宜在房后。相对于房间来说，客厅采光一定要好，光线要充足，客厅处若能接受到充沛的阳光照射是最理想的。客厅的入口处不宜看到厨房灶台、房门、后门，走道也应该避免直向或横向地贯穿全厅。

2.客厅的颜色

客厅的颜色决定了全屋色彩的主调，客厅的颜色搭配必须要考虑客厅所在的方向。客厅的方向主要由客厅窗户的面向决定。窗户若向南，便是属于向南的客厅；窗户若向北，便是属于向北的客厅。正东、正南、正西及正北被称为"四正"，而东南、西南、西北、东北则被称为"四隅"。认准方向，便可为客厅选择合适的颜色。

（1）东向客厅宜以黄色为主色

东方五行属木，乃木气当旺之地，所谓"木克土为财"，黄色是"土"的代表色。故客厅若是向东，客厅用的油漆、墙纸、沙发时，宜选用黄色系列，深浅均可。

（2）南向客厅宜以白色作为主色

南方五行属火，乃火气当旺之地，"火克金为财"，因为白色是"金"的代表色，所以选用的油漆、墙纸及沙发适宜以白色为首选。南向窗虽有南风吹拂较为舒适清凉，但因南方始终是火旺之地，若是采用白色这类清静的浅色来布置，可以有效消减燥热的火气。

（3）西向客厅宜以绿色作为主色

西方五行属金，乃金气当旺之地。"金克木为财"，绿色乃是木的代表色，故向西的客厅适宜用富有生机的颜色作布置，并且向西的客厅下午西照的阳光甚为强烈。不但酷热，而且十分刺眼，所以选择清淡护眼的绿色，十分适宜。

（4）北向客厅宜以红色作为主色

北方五行属水，乃水气当旺之地，而水克火为财，应选用似火的红色、紫色及粉红色。客厅内的墙纸、沙发椅以及地毯均以这三种颜色为首选。

冬天北风凛冽，向北的客厅较为寒冷，故不宜用蓝色、灰色及白色这些冷色。若是采用似火的红紫色，则可增添温暖的感觉。

（5）四隅位的客厅颜色配置

东南向客厅主色宜用黄色
西南向客厅主色宜用蓝色
西北向客厅的主色宜用绿色
东北向客厅主色宜用蓝色
东北向客厅主色宜用蓝色

乾坤照宝之摆饰物

您认为此物有何寓意？请参与有奖解答。

风水小贴士

　　光煞（现代被称为光污染）来自三种：汽车灯夜间照射、玻璃幕墙、水池或者海面反光。房间遭遇光煞会使人精神紧张，情绪不稳。

3. 客厅安门的学问

有些客厅的采光、通风等各项条件都十分良好，但仔细观察仍有一些不尽人意的地方，如果有以下两种情况的，就需要在客厅装门。

（1）通道尽头是厕所

有些房屋的通道尽头是厕所，不但有碍观瞻，而且给人不甚洁净的感觉。建议在通道处设计一道门，这样坐在客厅中既不会看见他人出入厕所的尴尬情况，亦可避免厕所的秽气流入客厅。

（2）大门直冲房间

有些住宅的户型设计不当，会出现大门与房门成一条直线的情况，或是与房中的窗也在同一直线上，改善的办法是安门，令有利于家宅的气不会直接流失。

通道安门还有以下几个好处：

①**保护隐私** 通过门将客厅与卧室有效阻隔，会客的同时也不会干涉卧室主人的私人生活领域。

②**保持安静** 在通道安门后，客厅中众人的谈话声和喧闹声便不会传入睡房，保证了家人的正常休息。

③**节约能源** 当家人在客厅活动时，只要把门关上，冷气便不易进入睡房，这样冬季可以减少不必要的能源消耗。

④**美化家居** 大多家庭的客厅布置得十分华丽，但通道及卧室却极容易凌乱，若是通道有门遮掩，就会起到一定的掩饰作用。

⑤**节省空间** 为了充分利用空间，许多家庭会在走廊顶上设计一些杂物柜，如安装一门则可以把杂物柜掩饰得天衣无缝。

在通道安门，宜下实上虚，下半部分是实木，上半部分是玻璃的门最为理想；若用全木门，密不透风，会减少客厅的通透感；而采用全玻璃门，密不透风，又令客厅过于通透，失去隐私性。又因玻璃易碎，特别是有小孩的家庭不宜采用。

以下两种情况下，通道不宜安门：

①**厅小不宜安门** 面积小的客厅若不在通道安门，便可直接看到过道，加上过道的纵深感，客厅看起来会显得深远一些。如果装门，便会有狭窄的感觉。

②**窗少的厅不宜安门** 因为通道装门会令客厅的空气不易流通，所以客厅的窗户若不多，屋外新鲜空气很难进入，若再装门阻隔了空气的进入，便会令客厅的空气无法与居室的其他区域交流。

4.客厅天花

客厅屋顶的天花板，范围较大，对于住宅来说是"天"的象征，因而相当重要。客厅天花的装饰与布置主要有以下几个注意事项：

（1）天花顶宜有天池

现代住宅的普遍层高都在2.8米左右，如果客厅屋顶再采用造型天花来装饰，设计稍有不当，便会有强烈的压迫感。

可采用四边低而中间高的天花造型，不但视觉较为舒服，而且天花板中间的凹位会形成聚水的"天池"，对住宅也会大有裨益。

若在这聚水的"天池"中央悬挂一盏金碧辉煌的水晶灯，则会有画龙点睛之效，但切勿在天花板上装镜。

（2）天花颜色宜轻不宜重

客厅的天花板象征天，地板则像征地。天花板的颜色宜浅，而地板的颜色则宜深，以符合天轻地重之义。

（3）昏暗的客厅应在天花上装置日光灯

有些缺乏阳光照射的客厅，室内昏暗不明，久处其中容易情绪低落。这种情况下最好在天花板的四边木槽中暗藏日光灯用以补光。光线从天花板折射出来，柔和不刺眼，而日光灯所发出的光线最接近太阳光，对于缺乏自然光的客厅最为适宜。白天可用日光灯来照明，晚间则点亮金碧辉煌的水晶灯。

5.客厅尖角的化解

由于建筑设计方面的原因，许多现代住宅的客厅中存在尖角与梁柱，外观不甚美观而且会对居者构成压力。从住宅美学的角度来看，应在设计装饰上多花心思，使其与居室装饰的整体效果和谐一致。

可以用以下几种方法化解尖角：

（1）设计柜体把尖角填平，高柜或低柜均可。

（2）将一盆高大而浓密的常绿植物摆放在尖角位，也可有效地消减尖角对客厅风水的影响。

（3）在客厅的尖角位置摆放鱼缸亦是很好的化解之道，因为鱼缸的水可消减尖角的压迫，令角位的气大有回旋余地，不但符合风水之道，而且可以美化家居景观。

（4）采用木板将尖角填平。如以木墙把尖角完全遮掩起来，然后在这堵新建的木板墙上悬挂一幅山水国画，最好是《华山日出》图，以高山来镇压尖角位。这样一来，既美观而又可收化解之效。

（5）把尖角中间的一截掏空，设置一个弧形的多层木制花台，放几盆新鲜的植物、小品并装射灯照明。这样也使此处成为家中一个观景亮点。

三色龙

此龙用什么材质制作？请参与有奖解答。

风水小贴士

窗外有两栋高楼并立，中间仅留了小小的缝隙，构成天斩煞，可以在窗口摆放一只铜马。

6.客厅布置宜忌

（1）客厅的重型家具宜设置在西南方

客厅的重型家具宜设置在西南方，门口在东方，空调则摆在西方。避免把冷气、光源设在房间的正中央，干扰房屋中央的能量。

（2）客厅光线宜充足

源于通常所说的"光厅暗房"，即客厅应保证光线充足，明亮的客厅能带来旺盛的家运。与客厅相连的阳台上尽量避免摆放太多浓密的盆栽，以免遮挡光线。客厅的墙面不宜选择太暗的色调，柔和的色彩搭配适当的灯光即可营造合宜的客厅风水。灯具的选择以圆形为佳，取其圆满、团圆之意。

（3）门把宜设在左侧

全部的门应从左开为宜，源于"左青龙右白虎"。青龙在左宜动，白虎在右宜静，也就是说人由里向外开较为合适。再说开门如左右颠倒也不符合生活习惯。

（4）住家旺位在大门的斜对角

住家旺位通常是在客厅，此处宜安宁清净，不可以是过道的动线。

一般而言，客厅门口的斜对角最好。注意此处不宜悬挂镜子，因为镜子有反射的效果，容易阻碍旺位的运势。旺位应放置可助长运势的吉祥物和种植具有生命力的绿色植物。

（5）客厅地板宜平坦

客厅地板应平坦，不宜高低不平或有过多的阶梯。有些客厅会采用一些高低层次分区的设计，令地板有明显的高低变化，少量的变化倒也无妨，但过多则最好加以修改。

（6）沙发不宜放在横梁下

如沙发放在横梁下，人坐于此处，容易精神紧张，导致运势不振，所以有梁的地方最好采用装修手段修饰一下。

（7）客厅不可成为居室动线

客厅是家庭中旺气的聚集地，因此应保持气流的稳定，不应将客厅规划在动线内，因为动线内的人流活动频繁，易使家宅的旺气紊乱，也会干扰家人和朋友的正常聚会活动。

风水吉祥物品图鉴

（8）客厅应多使用圆形造型的装饰物

客厅是家人和亲友相聚的地方，最需要营造出和谐、融洽的气氛。圆形是和谐的象征，所以圆形的灯饰、天花造型以及装饰品具有增强室内温馨气氛的作用。

（9）客厅不宜乱挂猛兽图画

客厅适宜悬挂花草、植物、山水，或是鱼、鸟、马、白鹤、凤凰等吉祥图案。而悬挂龙、虎、鹰等猛兽，则要特别留意将画中猛兽的头部朝外，千万不可将猛兽的头部向内威胁自己。

（10）客厅不宜塞满古董、杂物或装饰品

客厅如果塞满古董、杂物和装饰品，容易堆积灰尘，影响气流畅通和家人的身体健康。如果主人有这方面的收藏爱好，则要注意经常清洁，以保持空气的清新和洁净。

茶色龙（一）

您认为此龙的坐相有何意义？请参与有奖解答。

风 水 小贴士

门前或窗口有树固然是好事，但树木宜枝繁叶茂，这样，不但可以遮阴蔽凉、吸附灰尘、阻隔噪音，更可以为家宅带来清新的空气和良好的运势。

1.位置与格局

　　一般而言，最有利于成人的卧室位置是在住宅的西南方与西北方，这两个方位能够提升主人的成熟度与责任感；位于住宅北面的卧室会比较平静，对于失眠者有特别的效果；位于住宅西部的卧室有利于提高夫妻生活的质量；而住宅的东或东南部对刚步入社会的年轻人有益。

　　卧室宜安排在朝阳的方向，主人房则应选择最大的卧室。卧室门不宜相对，室内的入墙柜或立柜最好能储存所有的衣物，令居室整齐有序。现代家庭设计中经常将卫浴空间安排在卧室内，这样虽然方便而时尚，但是却容易使水气进入睡眠空间，影响房间的空气清新度，这种情况下一定要注意用各种设计手段做好卫生间的防水和干湿分离。此外，卧室门也不能面对厨房门，以免受到油烟的污染。

四、卧室布局

　　对于日益注重生活品质的现代人而言，卧室是人们心灵的避风港，是使身心得到休息的私人空间。卧室的布局应特别注重突出其安静性与隐密性。而它坐落的位置、通风、采光和床位的摆放等都是需要着重考虑的方面。

2.床位

床是卧室中的必备之物，与人们的日常休息密切相关。李笠翁在《闲情偶寄》曾说："人生百年所历之时，日居其半，夜居其半。口间所处之地，或堂或庑，或舟或车，总无一定所在，而夜间所处，则止有一床。是床也者，乃我半生相共之物，较之结发糟糠犹分先后者也，人之待物其最厚者莫过此。"正因为床的重要作用，床位的摆放更显重要。睡床的摆放一般需考虑以下几个方面：

（1）对于床本身，要考虑的是其长度、宽度是否适合人体，床面是否平整，是否具有良好的支撑性和舒适性。床的高度一般以略高于就寝者的膝盖为宜，切记床不可贴地。床底宜空，勿堆放杂物，否则不通风，易藏湿气，导致腰酸背痛。

（2）床无论放于何处都应该让居者可于床上看见卧室的门与窗，有明媚的阳光照射到床上，这样的布置有助于吸收大自然的能量，更有利于身体健康。

（3）卧室门不宜正对床，床头不能靠门或背门。这是因为门口也就是风口，人在睡眠时冲着风口必然会受到影响，易生病或心绪不宁。又因睡眠需要安宁的环境，床背门易受到干扰和惊吓。

（4）床位最好选择南北朝向，顺应磁场引力。头朝南或北睡眠，有益于健康，因为在人体的血液循环系统中，主动脉和大静脉最为重要，其走向与人体的头脚方向一致。人体处于南北睡向时，主动脉和大静脉朝向、人体睡向和地球南北的磁力线方向三者一致，这时人最容易入睡，睡眠质量也最高，因此南北朝向睡眠具有一定的防病和保健功能。

床头不可朝西，因为地球由东向西自转，头若朝西，血液经常向头顶直冲，睡眠较不安稳；如果头朝东睡，就会有一种安宁的感觉。

（5）床头宜实不宜虚，床头应该靠墙，不可靠窗。床如果不靠墙，床头必须有床头板，令人头部不致悬空，并且床头后面不能是厕所或厨房。

（6）不可有横梁压床，以免造成压抑感，有损人的身心健康。此类情况还包括不可有横梁压卧室门，分体空调室内机不可悬挂于枕头位上方，卧床正上方不可悬挂吊灯，这些都属于横梁压床的范畴。

（7）床不可对镜。因为半夜起床很容易被镜中影像所惊吓，精神不安宁，导致头晕目眩。如果睡房中有镜子对床，可在晚上用装饰物盖住或把它转向墙壁，最好能将镜子镶嵌在卧室衣柜内部，使用上可以做到灵活多变。

（8）床头柜高过床，有利提升睡眠者的智慧，提高睡眠质量，并可增进夫妻感情。

（9）睡床与卧室墙壁应平行或垂直，以免室内动线唐突和给人带来不稳定感。

茶色龙（二）

您认为此龙适合什么人使用？请参与有奖解答。

风水 小贴士

住宅地势要平坦。住宅不宜建在斜坡上，或是住宅大门正对一条很陡的斜坡也不佳。

3. 卧室的颜色选择

　　卧室的墙面尽可能不用玻璃、金属与大理石等材料，而使用油漆、乳胶漆，以利于墙体呼吸，保持空气清新。色彩宜柔和，能够令人感觉平静，有助于休息。卧室方位与适宜选择的颜色有以下几种对应形式：

东与东南——绿色、蓝色

南——淡紫色、黄色、黑色

西——粉红色、白色、米色、灰色

北——灰色、白色、米色、粉红色、红色

西北——灰色、白色、粉红色、黄色、棕色、黑色

东北——淡黄色、铁锈色

西南——黄色、棕色

4. 卧室的家具

　　卧室家具的种类繁多，一般有单件家具、折叠式家具、组合式家具、多功能家具等。单件家具有很大的灵活性，但比较占用空间，因此近年来更趋向于采用折叠式、组合式、多功能家具。

　　家具的色彩对整个房间色调起着非常重要的作用，家具色彩一般既要符合个人爱好，更要注意与房间大小、室内光线的明暗相结合，并且要与墙、地面的色彩和设计风格相协调。对于面积小、光线差的房间，不宜选择太冷的色调；面积大、朝阳的房间可以有比较多的选择，根据设计需要和所要达到的效果不同也可有多样性的选择，如浅色家具（包括浅灰色、浅米黄色、浅褐色等）可使房间产生宁静、典雅、清幽的气氛，且能扩大空间感；而中等深色家具（包括中黄色、橙色等）色彩较鲜艳，可使房间显得活泼明快。

5.卧室的陈设与照明

　　卧室内要尽量选择没有反射作用的装饰品，如挂毯，没装玻璃或装上不反光玻璃的画均可。卧室不宜摆设刀剑、凶器、神像、神位等破坏卧室祥和气氛的装饰品。

　　卧室光线不宜太强，因为床是安静之所，强光会使人心绪不宁，所以室内最好用柔和的白炽灯来照明，尽量少用日光灯作为卧室的主光源。

　　卧室不宜用太鲜艳的红色装饰。过多鲜艳的红色装饰，会令人精神亢奋，并有神经衰弱的不良影响，长期下来容易精神不济，心情烦闷。主卧室适于营造和缓放松的气氛，使用能令人平静舒适的颜色最恰当。

　　卧室少放金属类物品。建议居者尽量避免在房间里放置太多的金属类物品，因金属类的东西色调较冷，太冷的东西不适合卧室温馨的氛围。

　　卧室花草与床的距离不宜太近。花草性冷属阴，植物晚间行的是反光合作用，不但与房中人争吸房中的氧气，吐出的二氧化碳还要人体来吸收，对人体的磁场运作及身体健康都有不良的影响。因此，建议白天放入室内以净化、调节空气，晚上最好移放阳台。花草进屋前宜先系红丝带去阴。

茶色龙（三）

此物有何历史渊源？请参与有奖解答。

风水 小贴士

　　怪石装饰需要谨慎选择。有的怪石可以用来装饰环境，但有些独特形状的石头不宜选为装饰品。如形同人头骨的怪石。

五、书房布局

"一个正常的良好人家，每个孩子应该拥有一个书桌，主人应该拥有一间书房。书房的用途是典藏图书并可读书写作于其间，不是用以公开展览藉以骄人的"。

几年前，在普通家庭中拥有一间独立的书房可能还是件奢求的事。现在，随着居住条件的不断改善，越来越多的人都能拥有一间独立而不受外界干扰的书房。现代的书房被人们赋予了更多的实用功能，它的功用变得丰富，空间更得到了延展。

1.布置要点

如果条件允许，而且您要花很多的时间在家中办公学习的话，在装饰和选择书房的时候就要多加用心，尽量将书房设置在安静的区域，书桌避免正对大门或窗户等。总结来说，应主要注意以下几方面：

首先，书桌前面应留有空间，眼前的视野宽阔，自然会有平和的心态进行学习和工作，即所谓的"明堂要宽广"。有人认为一般书房并不是很宽敞的地方，如何能够有明堂？事实上以门口为向，外部就可成为明堂，令使用者思路敏捷、清晰无碍。

其次，书桌不能摆在房间正中位，因为这是四方孤立无援之格，前后左右均无依无靠，主学业、事业都孤独，很难得到发展。

第三，书桌不能背对门。因为背对门坐读书、学习都易受到干扰，因为，人把后背完全置于外界，要在无意识间分散一部分精力去关注背后的情况，不易集中精神，长期下来有患精神官能症的风险。

第四，书桌不能放置于横梁下，如果能面对有景致的窗外最好，这样抬眼就可以看到绿色的景物，有利于大脑和眼睛的休息。

第五，书房的门向也要注意，不能正对厕所、厨房，否则会引入秽气，导致精神不佳。

第六，书桌不宜摆放在阳光下，书桌要避免放置在太阳光直射到的地方，否则容易损伤眼睛和电脑等用品，而且长期处于高强光线下也会使人高度紧张。

2.办公用品的摆放

书桌上的用品摆放也各有讲究，物品摆放同使用者的条理思路有很大的关系，物品的摆放大体上要做到整齐有序。

（1）书桌两头的用品不能摆放得高过于头。物品高过头会令用者的视线受到阻碍，很难得到发展，因此必须有高有低。男性用者，左手青龙位宜高宜动，右手白虎位宜低宜静，而重要的有能量通过的物品，如电话、传真机、电灯等均应放置左方；如为女性用者，则应加强右方白虎位，重要的物品可放置于右方。

（2）书桌宜保持整齐、清洁。每一次工作后或读书完毕应收拾干净整齐，这样才有利于下次的读书、学习。这种习惯应该持之以恒，有始有终，才能始终保持居住者时刻拥有灵活清晰的头脑。

（3）书房中的家具宜用深色，如粟色、深褐色、铁红色等端庄、凝练、厚重、质朴的色调，这样的色彩能够稳定人们的情绪，有利于思考。

（4）书房中的书桌摆放不可面对主人房的卫生间或公共卫生间的墙壁，也不能背靠卫生间的墙壁。

（5）书室内不宜放置藤类植物，因藤类植物容易让房间潮湿，不利于书籍的保养，而且此类植物还会令人的思路紊乱。

风水吉祥物品图鉴

3.灯光照明

书房的灯光照明以日光灯和白炽灯搭配使用为好，可以根据需要灵活运用。但不能用光芒刺眼的色灯进行装饰，并且在避免用落地大灯直照后脑勺。

金色龙（一）

轻松从龙身上提高能力。

您同意上述观点吗？请参与有奖解答。

风水
小贴士

一些别墅或是复式住宅，装修时往往只考虑楼层平面内各房间之间的搭配，而忽视了上下楼层之间的关系。在"家相学"中，上下层之间的关系非常重要，比如浴厕压在卧室之上就是不宜的宅相，浴厕的浊气会下降到卧室之中，影响居者的健康。

六、儿童房布局

随着科学技术的发展、家庭生活水平的提高，父母们莫不希望能给孩子们提供一个最快乐、最理想的成长环境。因此在新居设计中，儿童房的装饰被提到了相当重要的位置。儿童的心灵如同一张白纸，透过他们眼睛，世界上的一切都是新奇的，周围任何细微的事物都可能对儿童的未来产生影响。因此，要给儿童一个多姿多彩的成长环境，就应当重视儿童生活空间的合理设计，经过精心布置的儿童房间，会使儿童获得心理和生理上的愉悦和健康。

儿童房最重要的功能，是使孩子们有一个自由安全的小天地。让他们在这个小天地里自在地学习、玩乐、睡眠。家长在为孩子选择和装修房间时，必须充分考虑到儿童房的这些独特功能要求。借助于装修的技巧，通过色彩、采光、家具、窗户和饰物、饰品，寻求各种能量的支援，使孩子们能够健康快乐地成长。

1.儿童房的位置

儿童处在生长发育的旺盛阶段，需要吸收来自于各个方面的能量。黎明时分能最早接受阳光能量的房间即是最理想的儿童房。所以儿童房首选住宅的东部或东南部；而住宅的西部五行属金，下午会接充沛的阳光，也可以用作儿童房，但是此方位更适合于儿童睡眠，不利于儿童房的游戏功能。

2.儿童房的内部布局

儿童房是儿童休息和娱乐的地方，使用功能上与卧室有许多共通之处，所以卧室布置的一些要点也同样适用于儿童房的布置。除此之外，儿童房亦要远厨房，更不应有穿堂风使孩子易于着凉感冒。儿童房需要空间，不可装潢太复杂，家具也不宜太庞大，应使房间没有阻塞与局促之感。

儿童房应该为孩子留有足够的成长空间，通过环境和家人的影响教育，培养儿童的独立性，减少依赖性。可在房间里摆设一张小桌子或小储藏柜等，让他们自由组织内部的物品，培养他们的动手能力。家具尽量多用圆形，忌用玻璃制品，避免尖角和降低磕碰的风险。

3.儿童房的地面

儿童房的地面铺设天然的木地板最佳，既安全又易清洁。避免用石材铺地，石材性质较为冰冷且石材或多或少地含有一些放射性元素，不利于儿童的成长。儿童房也不宜铺设地毯，虽然地毯的安全性较高，不怕小孩跌倒，但是由于容易附着太多粉尘，长期使用会导致儿童患上支气管或呼吸系统疾病。

4.儿童房的颜色

儿童房内部的颜色对小孩的心态也有很重要的影响，首先，色泽要淡雅，不可用太过激烈的大红大紫色，避免刺激小孩，也忌用黑色及纯白色，若用淡蓝色为底，再点缀一些草绿、明黄、粉红的色泽则能取得比较好的效果。

儿童房里一般都会有挂画，图画对孩子成长的影响很大，首先，墙壁上的图画应以自然健康的内容为主，不宜挂有暴力感的战争图画、性感的明星图画等，也不宜摆设神像，因为这样会不利于儿童心灵的健康成长。

5.儿童房的床位

儿童床的摆放位置很重要，摆放位置除了要参照成人睡床的摆放要点外，还要注意以下方面。

如果是独生子女，儿童床的床位应与父母的床位同一方向，这样有助于亲子关系的融洽。如果家中有两个或以上的小孩合用一个房间，将他们的床放于同一方向，也有助于减少他们之间的摩擦与矛盾。

儿童床的床头朝向以东及东南位较好。因为东及东南位五行属木，利于成长，对小孩身高和健康有益；如果小孩夜间难以入眠，可选择较为平静的西部及北部；床头朝向南部会导致儿童脾气急躁；东北会导致儿童粗心大意；西南会导致儿童胆小拘束；西北会导致儿童过于早熟，最好要谨慎选择，因为这几个位置对儿童的成长都不利。

6. 儿童房的照明

儿童房的照明最好使用柔和的壁灯以代替柜灯或地灯，既温馨柔和，又能避免散乱在地面的电线对孩子构成危险。倘若孩子怕黑无法入眠，或天黑就显得拘束，在儿童房里的高处放上一盏小灯，可有效地改善怕黑的问题。

儿童房还要注意的其他事项

（1）不能以成人床代替儿童床，这里既有风水上长幼有序的讲究，亦可防止小孩睡觉时会倒卧而发生的危险。

（2）儿童房的门在晚上要保持关闭。窗户要安上窗帘，白天卷起，使窗户外的新鲜空气和阳光能够自由进出居室；晚上拉上窗帘可有效阻隔外界事物的影响，使孩子易于入睡。

（3）儿童房不要放置镜子和悬挂太多风铃，避免小孩因容易分心而导致的神经衰弱。

（4）儿童玩具应以钢琴、汽车或积木有利于启迪智力的玩具为主，而洋娃娃、动物等玩具在任何情况下都不要关锁起来。玩具的材料以木造最理想，取材天然而且坚固耐用。

金色龙（二）

您认为此物有何寓意？请参与有奖解答。

风水
小贴士

门前若有巨大的喷水池或游泳池，而且门是开在吉位，会给主人带来滚滚财源。

七、餐厅布局

自古以来，"食"就是关乎人们生计的头等大事，享受美味是人们品味生活的一种方式。无论竹篱茅舍或是华堂美屋，就餐的环境都是人们关注的焦点。置身于一个舒适惬意的环境中品食，于人身心都是十分享受的事情。

现代都市中，大多数人的居室空间并不太宽绰，在有限的空间中开辟一间独立的餐厅，使它适合家人的需要、功能完善、方便美观，又有特别的个性味道，是每个家庭共同的心愿。一个拥有亲切、愉悦、温馨感的家庭餐厅有赖于环境与人的共同创造。

1.餐厅装饰宜忌

中国的餐饮文化源远流长，十分讲究，如果光有美食却没有好的就餐环境也是枉然。食物对于人的身体健康有很重要的影响，因此，用餐环境的优劣就不得不重视起来。

此外，餐厅还是全家人高度聚集的公共空间之一，自然居住者更需要注意餐厅的格局及摆设布置。

(1) 方正格局最佳

餐厅和其他房间一样，格局要方正，不可有缺角或凸出的角落。长方形或正方形的格局最佳，也最容易进行装修设计。

(2) 设于客厅和厨房之间

餐厅应位于住宅的中心位置，最好位于客厅和厨房之间。这样的布局可增进亲子关系和家庭关系的和谐。餐厅的自身方向最好设在南方，在充足的日照下，家道会日益兴旺。餐厅切忌位于上一层楼的厕所正下方，因为餐厅的好运会受到压制。

(3) 宜用亮色装潢

家庭成员的能量部分来自于进餐的食物，由于餐厅是进食的区域，所以跟家庭的财富大有关系。餐厅应采用亮色的装潢和明亮的照明，以增加能量，在此处放置植物更可增强家庭的阳气和财富。

(4) 不宜直对大门或后门

餐厅应在住宅的中心位置，但不宜直对大门或后门。若无法避免，可考虑利用玄关或屏风遮挡，以免入户者直接面对餐桌，不甚雅观。

还有一些格局上的问题也应避免。例如，楼中楼设计的餐厅应位于楼上；餐厅

左右两面墙的窗户不应正对，因为气会从一面窗进，而从另一面窗出，无法聚气；避免利用邻近厕所的空间当餐厅。如果难以避免，餐桌应尽量远离厕所，并采用一些装饰手段进行遮挡。

(5) 餐厅不宜放置祖先画像或古董家具

应使餐厅的布置成为阴阳平衡但略偏阳的空间。祖先画像或古董家具等属阴的物品最好不要摆放在餐厅，阴气太重有害家运。另一方面，阳气过盛又会造成家庭失和。

(6) 圆形或椭圆形是最佳餐桌造型

餐桌的形状具有重要的风水意义。餐桌最好是圆形或椭圆形，避免有尖锐的桌角冲向就餐者。圆形象征家业的兴隆和团结，如果使用方形的餐桌，则应避免坐在桌角。

(7) 餐桌的幸运座位数

座位数对家运也有一定影响，最好是6、8、9等，属阳的幸运数字。虽然家中的用餐人数都是固定的，不过在宴客时可事先安排好该请几位客人。

(8) 可于用餐区装设镜子

在用餐区装设镜子，映照出餐桌上的食物，有使财富加倍的效果，这是家中唯一可以悬挂镜子映照食物的地方，其他诸如厨房是绝对不能挂镜子的，因为会有意外或火灾发生的危险。

(9) 梁不宜直接压餐桌

餐桌上的天花板正对梁柱时，在此用餐会让人充满压迫感，吃饭时容易

金色龙（三）

此物品适合摆放在什么方位？请参与有奖解答。

风水 小贴士

我们在选择住宅时还要看看周围的空间环境，是否靠近垃圾填埋场，或是冒着黑烟的大工厂，这些垃圾、黑烟会对我们的身体健康造成很大的损害。

心神不宁，建议将餐桌移至不压梁的位置。如无足够空间，可在梁柱下悬挂葫芦。

（10）餐厅适合的吉祥物

餐厅适合摆放福、禄、寿三仙，象征财富、健康和长寿。此外，水果和食品的图画，也会带来好运。橘子代表富贵，桃子代表长寿和健康，石榴代表多子多孙。

（11）餐桌礼仪

用餐时间是一家人欢聚的时刻，应该全家和乐，家运才会昌旺。如有长者一同进餐，一定要请长辈先用，这不但是礼貌，也有辅福佑晚辈的意义。

2. 酒柜的设置

随着生活水平的提高，现代人越来越注重生活的品质。对不少家庭来说，酒柜也是餐厅的一道不可或缺的风景线，它陈列的各式美酒，可令餐厅平添华丽的色彩。

酒柜大多高而长，是山的象征；矮而平的餐桌则是砂水的象征。在餐厅中有山有水，配合得宜，对宅运大有裨益。

餐厅的酒柜摆放有几点需注意：

（1）酒柜大多高大而通透，是一座山的象征，应把它放在户主本命吉方。如户主属东四命的，酒柜宜摆放在餐厅正东、东南、正南及正北这东四方；户主属西四命的，则酒柜宜摆放在餐厅的西朝、正面、西北及东北这西四方。

（2）酒柜中的镜片不宜过大。很多酒柜都采用镜片作为背板，令酒柜中的美酒及水晶杯显得更为晶莹剔透。但装饰镜片不宜太大，而且不能与供奉的神台相对。

（3）酒柜不宜摆放在鱼缸旁边。酒柜是水气重的家具，而鱼缸又多水，两者的本质相近，若是摆放在一起，会令水气过多。若是很难移动可在酒柜与鱼缸之间摆放一盆常绿植物，即以一木隔在两水之间，可消除过多的水气。

（4）吧台的摆放。有些现代家庭喜欢以吧台来代替酒柜，吧台与酒柜的本质一样，水气均重。吧台宜摆放在餐厅的死角，因吧台的水性灵活多变，不怕受压，所以摆放在楼梯底也无妨。

（5）有些不喜饮酒的家庭，在餐厅中不摆放装酒的酒柜，而以摆放杯碟的杯柜代替。那么，杯柜就不宜太大，如果杯柜与墙壁等长，建议改用矮柜，这样能够改善餐厅风水。

3. 餐厅的装修与装饰

(1) 地面

餐厅地面的铺设材料应以各种瓷砖为首选。这种材料应耐磨、耐脏、防滑、易于清洗。

(2) 家具

餐厅家具主要是餐桌、餐椅和储物柜等，它们摆放的位置以及装饰应方便人们的走动与使用。家具的材质以实木为宜，实木家具富有亲和性，清新环保，带有自然的气息，利于家庭吸纳有益的气息。家具的色调宜选比较中性的天然木色、咖啡色、黑色等。尽量避免使用过于鲜艳的色系。

(3) 墙壁的颜色

墙壁的颜色主要以素雅为主，如灰色与白色，不能太刺眼，油漆尽量不反光，也可配合家具选用一些明快清朗的色调，在予人温馨感的同时，提高进餐者的兴致。

(4) 装饰

餐厅相对于家居的其他场所，更要求空气流畅，环境整洁，不可放置太多的装饰品，保持简洁大方是主要的原则。

软装饰最适合餐厅的布置。清新、优雅的布艺制品，尤其是较薄的化纤类材料为首选，因为厚实的棉纺类织物极易吸附食物气味且不易散去，不利于餐厅的环境卫生。

(5) 挂画

最好选择可为进餐提供和谐气氛的图画。如食品写生、欢宴场景或意境悠闲的风景画等。面各种仿真的鲜果装饰也有着同样的效果。

(6) 装饰品

镶嵌在墙上或餐具柜上反映餐桌的镜子，能够反射出食物及餐桌，还可延伸空间，增强食物的能量，是餐厅中非常好的立面装饰之一。

(7) 照明

餐桌上的照明以吊灯为佳，也可选择嵌于天花板上的照明灯。餐厅的灯光一定要较为柔和，才能增加用餐的温馨气氛，强化家庭成员之间的感情交流，餐厅的灯光以白炽灯为主，并使用可调节灯光亮度的灯掣，让灯光保持弹性。吃饭时使用低亮度灯光会感觉浪漫而舒适，但是在其他时间，可使用明亮的光线。注意安装的位置不可直接照射在用餐者的头部，既不雅观，也会影响用餐情绪。

(8) 冰箱

若在餐厅内摆放冰箱则最好放置在北方，不宜向南。

4. 餐厅的植物

餐厅是客人团聚的地方，而且位置靠近厨房，浇水便利。配置一些开放着艳丽花朵的盆栽，如秋海棠和圣诞花之类，可以增添欢快的气氛，也可将有色彩变化的吊盆植物置于木制的分隔柜上，划分餐厅与其它功能区域。现代人很注重用餐区的清洁，因此，餐厅植物最好用无菌的培养土来种植。

此外，餐厅植物摆放时还要注意植物的生长状况应良好，形状必须低矮，才不会妨碍相对而坐的人进行交流、谈话。

适宜在餐厅摆放的植物有番红花、仙客来、四季秋海棠、常春藤等。在餐厅里要避免摆设气味过于浓烈的植物，例如，风信子。

八、厨房布局

中国古代传说中有灶神，专司厨房之事，厨房的重要性可见一斑。如今，厨房的作用已从单纯的备餐之所，发展成为具有多种功能的居室空间。无疑，厨房不但具备高效的收藏与储纳功能的外表，而且它也不再仅仅局限于烹调了，也许它还是家人进餐和孩子们玩耍的地方。环境优雅、舒适的厨房不仅能帮助缓解烹饪的辛劳，还能带给人美的视觉享受。

随着社会的发展，一些新的科技元素加入到厨房的装饰中来。如根据个人需要定做的橱柜、整体化厨房、智能化厨房等。厨房的概念正被重新诠释，其功能也在不断增加，以满足现代人的需求，不同装饰风格、多种用途的厨房已成为居室中耀眼的光彩。

日常生活中，家居的卫生尤以厨房的卫生至关重要。对居家风水而言，厨房风水的重要性仅次于大门和卧室的风水，厨房最重要的就是整洁卫生、光线充足、通风良好，避免存在淤积秽气的死角。

1.厨房位置宜忌

（1）厨房切忌完全封闭于屋中。厨房至少要有一面对着空旷处（如阳台、天井、后院等），切忌封闭，或在屋子中央。这种情形常见于事后自行加盖房舍，原本在屋后得厨房，在后头加盖之后，变成屋子中段，不但有碍卫生，更为影响家运。

（2）厨房应远离睡房，主要是因为厨房火燥，油烟甚多，非常容易入侵到休息之所，居住在此房的人，脾气暴躁易怒，会经常感冒，肠胃也容易不适。

（3）厨房不宜与卫生间相邻。因为厨房是烹调食物的地方，是人体养分的调理之所，是火具之所；而卫生间恰恰相反，性质属水，在五行上是水火不容。良好的化解之法除了加强厨房与卫生间对外的通风，尽量保持干燥之外，两边的门也应经常关闭，挂上门帘会更好。

（4）厨房不可盖在屋子前面，最忌炉火向外，否则家运中落。

2.营造厨房

（1）水位与灶位

水位和灶位比较适合顺排，如果是垂直摆放也可。应避免相对放置，如无法改造之下水火必须对峙，也应尽量错开为宜。

现在新开发的楼盘一般只预留了上水接口和煤气等气源的接驳口，给人们留下了较大的空间可以自由安排厨房的设备。现代化的家庭厨房已经变成一个整体化的概念。无论是自己打造还是在外订购，考虑的第一原则都是如何使用方便，应按烹调顺序来布置协调，避免走动太多。在厨房这个相对小的空间里，要将人体活动尺寸和家具设备活动尺寸一并来考虑，避免相互碰撞或妨碍人体移动。厨房操作间的布置一般分为四种形式：单面墙一字布置、通道式二字布置、L形布置和U形布置。

在厨房中，水位首先考虑北、东、东南为宜，在西次之；灶位应该首先考虑在南、东、东南为宜，当然水火要同时搭配考虑。如果水火同时都安排在西边，那水位应该放在靠北边一侧，灶位应该放在靠南边一侧；如果水火都安排在东边，那灶位应该放在靠北边一侧，水位应该放在靠南边一侧；如果水火都安排在北边，水位应该放在靠西边一侧，灶位应放在靠东边一侧；如果水火都安排在南边，那灶位应放在靠西边一侧，水位应放在靠东边一侧。另外，冰箱可放在东南位、南位或西位。

（2）灶台的高度与宽度

现代的灶台包括灶具、水盆和操作台三部分，基本都在一个水平高度。灶台的高度与宽度应以人体工程学原理为依据，过高或过宽都不适宜。

高度：灶台高度应在0.86～0.89米和0.94～1米之间。

宽度：灶台宽度应在0.47～0.5米和0.55～0.62米之间。

这里所讲的高度与宽度都是灶台的完成面，就是完成之后的净高度和净宽度。其高度要从贴完地面砖的零高度算起，直到灶台水平面。其宽度也是台面的直径最宽距离。如果台面外边具有弧形，其最宽直径不应超过0.62米，然后自然弯曲过渡到最窄距离，其最窄直径不应低于0.47米。

（3）厨房排风

常见的厨房都是采用强排风的装置（抽油烟机），中式烹饪厨房中强排风装置是必不可少的。但是大家经常忘记了进风口。在空气流动力学中，空气被强制排出时，必须安排相应的进风口。理论上排风口应该安排在高位，进风口应该相应安排在低位，让空气从低位进风口进入后再从高位排风口排出，使得空气能够得到充分的置换。如果没有相应的进风口，空气只能从一切可以进入的缝隙中钻入，这样会影响到排风效果。因此，应该在厨房门的下部安装类似百叶窗的进风口，其宽度不需太宽，做到美观为止，以便排风。

（4）厨房门的开度

在装修中，门的开度是重要的一环，门的开度是指门口完成之后的最窄距离，也就是门框完成后的最窄距离。许多门口净宽是在0.7～0.8米之间的，这种净宽度是最不宜安在厨房门上，必须设法整治。如

果您的厨房门有条件加宽的话，可以考虑加宽到：宽0.85～0.9米，高1.98米。现在的净门宽有少能够在达到0.82米以上的。

3.布局与装饰

厨房在洗涤和烹调食物的过程中，会用掉大量的水，而水正是财富的象征，所以不利于财运的蓄积。但是另一方面，厨房又具有压制不利之气的功能，所以将厨房安置在无关紧要处或凶方，调整厨房的位置和厨具的摆设，去除其不利的因素，营造出良好的厨房风水，反而对居住者有利。

（1）厨房应位于住宅的后半部

通常建议将厨房安置在家长本命卦的四个凶方，有助于压制不利家宅的有害之气。炉火所产生的阳气可调和这些不利的秽气，有效改善其风水。厨房应位于住宅的后半部，尽量远离大门。

（2）水火不宜对立

水槽所产生的水气与灶台的火气是相冲突的，所以灶台不可与水槽或冰箱对冲。灶台也不可紧邻水槽，灶台也不宜独立在厨房中央，因为厨房中心位置火气过旺，不利于家庭和睦。

（3）阴阳平衡

厨房是水火相冲的地方，如果能将二者平衡，和谐共处则有利于家宅的兴旺。厨房为属阴的区域，是储存食物，而不是全家人经常使用的地方。然而，如果将厨房的一角当成临时的用餐区，即可增加厨房的阳气，使厨房阴阳平衡。

（4）厨房不能悬挂镜子

镜子的正确摆设可增进或改善风水状况，但若摆设不当，则会对居住者造成很大的伤害。厨房不宜悬挂镜子，以免镜子照到炉火或锅中的食物。

（5）灶台摆放不宜

灶台不可正对厨房门；如果灶台对到厕所，厕所门一定要关上；另外，厨房最好不要靠近大门；灶台不可置放在水

槽和冰箱之间，双水夹火会不断有祸事发生；灶台不要位于厨房的角落，以免使烹调者背对厨房入口；灶台若位于上一层楼的厕所的下方，是很不吉利的，最好变换灶台的位置，如果无法改位，可装设向上照射的照明灯。从家居安全来说，炉灶不宜正对门口或靠近窗口，因为煤气炉和石油气炉如被风吹熄，便会泄漏液化气，是很危险的。

（6）炊具放置不宜

炊具不可放在窗前或窗下，炊具也不可放在梁下。如果无法改变炉位，也尽量稍微避开。炊具也不可冲到橱柜或桌子的尖角，或是正对楼梯。

（7）刀刃不外露

厨房中的各种菜刀或水果刀不应悬挂在墙上或插在刀架上，应该放入抽屉收好。厨房内也不应悬挂蒜头、洋葱、辣椒，因为这些东西会吸收阴气。

（8）火炉上不宜有横梁

厨房设计成一字形或L形都可能藏有横梁，称做"横梁压灶"。

（9）白色和绿色是厨房适用的色彩

白色与绿色是代表洁净与希望的颜色，用于厨房会为阴气潮湿的环境增添许多生气，令烹饪者在操作时心情舒畅而愉快。

4.厨房与餐厅的植物摆放

厨房位于南方，摆放观叶植物有助于储蓄。厨房位于南方会受到强烈的太阳光照射，观叶值物可以缓和太阳光，减轻乱花钱的倾向，有助于储蓄。

厨房位于东方最佳，若在其他方向，可在桌上、电冰箱附近摆放红花，有利于保持身体的健康。

位于西方的厨房，在窗边摆放金黄的花、水仙及三色紫罗兰，不仅可挡住夕阳的恶气，也能带来财运。

位于北方时，摆放粉红、橙色的花，可为室内增添活力。

九、卫浴布局

现代社会中，卫浴间往往是家庭生活中与个人关系最亲密、最私秘的空间。在这里人们没有任何的伪装和束缚，尽情体会自然、闲适的感觉。它是缓解生活压力、舒展疲惫身心的重要场所。随着时代的进步，人们更将沐浴做为一种文化来追求，加上现代洗浴设施的完善，配饰与洁具款式琳琅满目，浴室已不单纯只是梳洗的地方，典雅、舒适的设计布置更能让人舒缓神经、身心放松，在优美的环境下尽享沐浴的乐趣。

龙盘和龙凤盘

富贵吉祥之源动力。

龙凤有何吉祥的寓意？请参与有奖解答。

风水 小贴士

宅内布局要方正，大门与内门要稍稍错开，房间数应与人口成正比例，厕所、灶房应置于下风处。

1.营造卫生间

（1）方位

卫生间不宜在房屋的中心。因为房屋的中部是住宅的重心，恰如人的心脏极为重要，中心受污，秽气极易对流到其他房间，居住其中，天天吸入大量秽气，易得疾病；而且位于住宅中央的卫生间，必然采光不佳，加上卫生间原本就是水多之地，潮湿的空气闷在室内，易滋生细菌，对健康当然不利。

目前，一般的住宅往往把厕所设置于北侧，以住宅风水来说最好把它设置于西北、东南、或者东的方位（从房子的中心看）。同时，必须避免与男女主人生年相冲的方位。

一提起改良或是移开厕所，很多人会认为这是件很困难的事情。但是只要避开北的中心15度，东北方面，则只要避开东北15度，以及东北中心15度即可。就算整个厕所都处在北或东北的方位上，只要让坐便器的位置偏离这些15度的方位就行。如果坐便器处在这个范围里面的话，则只要移动坐便器即可，不须改建厕所。

移动便器时，不妨在厕所内开一扇窗户，每天都放一小碟食盐在那儿，再放一小盆植物，借植物的绿色能源与食盐来化解厕所秽气。

（2）卫生间三大件

卫生间的高档化是现代生活的一种趋势，如今的卫浴间已经向整体浴室转变。目前家庭中也有安装双台盆的，有的还配有按摩浴缸。但用于公共环境的卫生间还是以蹲便为好，以免交叉感染。

卫生间内的洗浴部分应与厕所部分隔开，如不能分开时，也应在布置上有明显的区分，尽可能地设置隔屏、拉帘等。如果空间允许，洗脸梳妆部分应单独设置，或是在厕所的外间。坐便两边距墙不要少于0.3米，坐便前端距墙不要少于0.4米；手纸盒距出不要少于0.6米，安装在平行位置距坐便前端0.3米处最符合人体工程学的要求。要提醒的是卫生间装修要注意地面及四面墙底部的防水层，在土建施工后期一定要将防水层做好，如果装修时动了防水层，自行修好后要做24小时盛水实验。

（3）注意坐便器朝向

坐便的安装不宜与户门同向，双卫的也在此列，也不要和卫生间门相向。最好是和卫生间门垂直或错开。马桶不可明冲床位、暗冲灶位。在方向上，最重要的一点是马桶不宜坐北朝向，避免形成水火对攻的局面。一般的家居中，卫生间的排污口已经定位不易改动，如果升高地面可以将坐便更换位置，但要注意排污管的坡度，以免堵塞。如果卫生间较大，则可将马桶安排在自浴室门口望不到的位置，隐于矮墙、屏风或布帘之后，当然还要确保从任何镜子上都看不见它。平时应该尽量把马桶盖闭合，特别是在冲洗的时候。

（4）浴厕合一的空间

在许多住宅的格局中，卫生间经常还有浴室的功能，因此，为了使排水与冲洗对家中其余部分的影响减至最小，应让厕具与浴室门保持恰当的距离，并且卫生间的地面绝不可以高于其他房间的地面，令卫生间与其他的功能区域做到"干湿分区"。在使用完毕之后，应保持浴室的门关上，特别是套房的浴室。

卫生间一定要保持干燥，注意除湿、通风，最好开有较高的窗户，令阳光充足，空气流通，若是密闭且通风不良，对家人健康不利。如果卫生间无窗，则一定要安装排风扇。

2.卫浴装潢与植物装饰

（1）吊顶与墙面

卫生间的墙面和顶面都应该经过处理，处理的方法通常有墙面贴瓷砖、顶面吊顶，瓷砖最好选择浅色系，如颜色太深易吸光而且灰暗，瓷砖尺寸尽量使用大尺寸的长方形砖，墙面瓷砖的中心位置可以安装一块墙花，墙花下距地1米处可以安排腰线，注意腰线应该处于黄金分割的位置，太高或太低都不美观。

卫生间吊顶多见塑料扣板和铝扣板，铝扣板的价格稍高一些，吊顶上方应做木方支架，便于在吊顶板上安装照明器具，不至于坠弯吊顶平面。

（2）卫生间的颜色

由于卫生间是属水之地，所以卫生间的颜色也最好选择属金的白色及属水的黑色、蓝色，既高雅又能产生安宁静谧的感觉。卫浴空间避免使用诸如大红色等刺眼的色彩，令如厕者产生烦躁的心理。

（3）卫生间的地面

如果卫生间只有少部分或根本不暴露于自然光中，采用大理石、花岗石的地板比较好，有时为了防滑，也可铺设一层防滑垫。有的新型铺设材料容易藏污纳垢，对卫生间的气能会产生负面的影响，所以应该经常更换清洗。

（4）卫生间的植物

由于卫生间湿气大、冷暖温差大，选择绿色植物时一定要注意。用盆栽装饰可增添自然情趣，适合养植有耐湿性的观赏绿色植物，如蕨类植物、垂植、黄金葛等。当然如果卫生间宽敞、明亮且有空调的话，则可以增植观叶凤梨、竹芋、蕙兰等较艳丽的植物。

十、阳台布局

由于居住条件的限制，一直以来阳台都在家居生活中扮演着次要的地位，在许多家庭中阳台都只是一个晾晒衣物的场所。其实现在的新开发楼盘都将宽阔开敞的阳台做为一大卖点吸引消费者，一个布置优雅清新的阳台对人们来说是越来越重要了。

其实，阳台装饰并不需要花很多钱，只要花点心思，为它注入一些装饰元素，就能让阳台生动起来，成为家人乐于驻足的生活乐园。

风水吉祥物品图鉴

三件套壁饰物

寓意生意兴隆。

您认为此物还有何象征意义？请参与有奖解答。

风水 小贴士

何谓家宅的坐向？按大门所向的方向而定，站在屋内面向大门，所面向的方位便是"向"，而与"向"相对的方位便是"坐"。

1.阳台布置

（1）阳台的地面可利用旧地毯或其他材料铺饰，以增添行走时的舒适感。在阳台种植花草，营造园林小空间，为家居增添自然景致。

（2）如果是紧靠厨房的生活阳台，可利用阳台的一角建筑一个储物柜，存放一些蔬菜食品或不经常使用的物品。供休息、餐饮使用的阳台，还可以摆放少量的折叠家具。

（3）阳台侧墙面、地面也是装饰美化的重点。可以在侧墙上装置一些富有韵味的装饰品，或做一些水景装饰都是十分清新宜人的。

（4）阳台是与大自然交流的空间，一定要保持整洁，不可堆放杂物。

2.阳台不宜

（1）阳台不宜面对街道直冲

倘若从阳台外望，看见前面有街道直冲，仿如猛虎迎面直扑而来，是十分不宜的格局。更重要的是因为直冲的路面上快速行驶的车辆以及噪音会不断经由阳台冲击住户，打乱平和的生命磁场，对住户安静的气氛产生影响，非常不利于住户的健康。

（2）阳台不宜面对尖角冲射

在中国的传统观念里，素喜圆润，而对于尖角特别敏感，应尽力避免。倘若阳台前面的尖角冲射，则必须设法化解。一般常见的尖角，大多是邻近楼宇的尖锐屋角，这些直冲过来的尖角，越尖越近就越不宜宅运。

（3）阳台不宜面对锯齿形建筑物

现在有些欧陆风格的佳宅，为了增加室内空间和采光纳风，多加有大型凸窗，所以外墙容易形成尖相，看起来似一排尖锐的锯齿。

（4）阳台不宜面对反弓路

城市的街道有弯有直，倘若从阳台外望，看见屋前的街道弯曲，而弯角直冲向阳台，这就是"街道反弓"的格局。可以做花架种满爬植物或旋转盆栽，使其内外隔绝。

（5）阳台不宜正对大门

若是阳台正对大门或厨房，可将窗帘长时间拉上以作为阻绝。也可以做玄关柜阻隔大门和阳台之间，或在大门入口处放置鱼缸、盆栽、爬藤植物。

（6）阳台不宜正对厨房

阳台落地门的窗帘尽量拉上，或是在阳台和厨房之间的动线上装门，以不影响居住者的行动为原则，以柜子或屏风为遮掩，总之就是不要让阳台直通厨房即可。

3.适宜摆放在阳台上的植物

摆放在阳台并且又有风水生旺作用的植物大致有以下几种：

万年青

属天南星科，干茎粗壮，树叶厚大，颜色苍翠，极具强盛的生命力。大叶万年青的片片大叶伸展开来，似一只只肥厚的手掌伸出，向外纳气接福，对家居风水有强大的壮旺作用，所以万年青的叶越大越好，并应保持长绿长青。

风水吉祥物品图鉴

金钱树

学名艳姿，叶片圆厚丰满，易于生长，生命力旺盛，吸收外界金气，极利家中财运。

铁树

又名龙血树，市面上最受欢迎的是巴西铁树。铁树的叶子狭长，中央有黄斑，铁树寓意坚强，补住宅之气血，是重要的生旺植物之一。

棕竹

其干茎较厚，树叶窄长，因树干似棕榈，而叶如竹而得名，棕竹种在阳台，可保住宅平安。

橡胶树

印度橡胶树，树干挺拔，叶片厚而富光泽，繁殖力强，易于种植，户外户内种植均宜。

发财树

又称花生树，它的特点是干茎粗壮，树叶尖长而苍绿，耐种易长，充满活力朝气。

摇钱树

叶片颀长，色泽墨绿，属阴生植物，极有富贵气息。

一般来说，风水上有生旺作用的阳台植物均高大而粗壮，叶愈厚大愈青绿则愈佳，例如以上所提及的万年青、金钱树、巴西铁树、橡胶树、棕竹以及发财树等均是很典型的例子。

风水对龙

收集超强能量。

您认为此物有何历史渊源？请参与有奖解答。

风 水 小贴士

如果房屋被通长的走廊切成两半是不宜选择的，这种格局不利于家人的沟通协调，容易导致家事纠纷，居住者心烦意乱，而身体健康及精神都会受到影响。

在池塘中游弋的鱼类，由于其外形、颜色与状态的不同，会对家居产生不同的动力。普遍来说，室外可以多饲养色彩斑斓的锦鲤，锦鲤在淡水中生长，属于杂食性鱼，外形养眼，生命力强，对调和阴阳有促进作用。

池塘的水体是自然而亲切的，对于家居的宅运大有裨益，池塘的形状最好为半圆形，形如明月半满。

2.泳池

游泳是最好的健身运动之一。在风水上，常与水亲密接触，能为身心注入水的特质，有助于提高思维的柔韧性。

泳池最佳方位是在庭院的东部或东南部，为防止潮气入宅不能太靠近大门。形状上以圆形和曲线形为佳，设计成不规则的圆形也可，但不宜有尖角。

当然，许多泳池为了防止细菌和水藻等而加入化学清污剂，对水质会有影响，因此，维护水质清洁，应该尽量采取较为环保和安全的措施。

十一、庭院美化

现代许多别墅的周围都会设计一些水体，以达美化环境的作用。在构成庭院风水的元素中，水是最重要的环节之一。无论是滋养生命、提升活动，还是招引财气、启迪智慧，水的作用都是不可替代的。庭院里的水体有多种形式，如池塘、泳池、喷泉等。

1.池塘

现代家居庭院中有池塘则极富意义，为了让池塘充满活力，大多会在其中饲养观赏鱼、青蛙、水生植物等，以形成生态链，维持良好的生态平衡并使水质清新。池塘为住宅改造了生存环境，增加了自然的美感。

十二、家居幸运物品

　　新居装饰中人们总会根据自己的喜好挑选一些经济、美观的家具或装饰品，但不同的物品也具有其不同的属性，根据居住者的星相和五行之属，选择合适的家居摆设，不但可以为人们带来视觉上的享受，更会为家人带来好的运气。

龙洞水盘（一）

您认为此物有何用途，适合摆放何处？请参与有奖解答。

风水 小贴士

　　回字形走廊对宅运不利，这种房间容易导致室内空气不能与外界直接交换新鲜空气，不利于居住者的身体健康。

1.星相与出生年月

一白星
1953、1962、1971、1980、1989、1998

二黑星
1952、1961、1970、1979、1988、1997

三碧星
1951、1960、1969、1978、1987、1996

四绿星
1950、1959、1968、1977、1986、1995

五黄星
1949、1958、1967、1976、1985、1994

六白星
1948、1957、1966、1975、1984、1993

七赤星
1947、1956、1965、1974、1983、1992

八白星
1946、1955、1964、1973、1982、1991

九紫星
1945、1954、1963、1972、1981、1990

2.幸运物品

衣橱

高大的衣橱属八白星，古董衣橱属五黄星，小型的衣橱属二黑星，宜放在东北方、西南方及山盘挨星的生、旺、辅佐方。注意使用除湿、除虫、保持清洁、干燥、通风，

作用是可使居住者在不知不觉中致富。

桌几

高大的桌子属八白土，木制桌属三碧木，石材或玻璃桌属八白土、六白金。红色属九紫火，黑或灰色属一白水，褐色属土，绿色属木，白色属金，蓝色属水。

办公桌宜放在山盘挨星的生、旺方。

书桌宜放在挨星一四、一六的方位，又要合于山盘挨星的生、旺、辅佐方。四绿方还可促成良缘，博得名声、升迁。

西南方或挨星二黑方的桌位，可使女性免于性骚扰。

地毯、垫子

地毯、垫子属二黑星，选择地毯要注意其纺织方法、毛高、织毛类别、染色法、毛重、底材、防火、静电、防霉等要素。

西北方，可受长上赏识，增加活力。

西方，增进人际关系，得贵人相助，化敌为友。

北方与东北方，可以趋吉避凶。

照明设备

桌灯，宜置于左前方、南方及挨星的九紫方（下元七、八、九运最吉）。

壁灯，营造气氛为主，宜置于东方、东南方，或挨星的三碧、四绿方。置于东北及西南方，可带来好运。

地板灯，主要功能为间接照明，宜置于东南方

或挨星的四绿方，可接获佳音喜讯，利于旅游。

二黑、三碧、四绿、五、八白、九紫命的人，较能受到光线的开运，可善予利用照明设备。

挨星一九、二九、五九、七九、九一、九二、九五、九七之方是不利于照明设备的地方，对眼睛、神智、情绪有不利作用，应避免强光。

镜子

圆形与方形的明镜为佳。女性及六白、七赤、二黑、五黄、一白命者，受镜子方位的影响较大。

西北方或挨星的六白方是布置镜子的最佳方位。三碧、四绿命，最忌镜子在西方，金克木，容易造成神经疲劳；九紫命，宜小镜子，忌把镜子安在南方。镜子的作用是反省自己，培养高尚圆融的气质。

厨房用品

一白星：玻璃器皿、小花瓶、咖啡组、酒瓶、开罐器，密封式容器。

二黑星：平底食器、碗、朴素器皿。

三碧星：竹蒸笼、竹筷、牙签、烤箱、微波炉，忌古物。

四绿星：漆器、欧式精品、薄容器，忌便宜货。

五黄星：陶瓷器，塑胶制品亦可。

七赤星：杯、盘、

茶托、装饰性陶瓷器、调理用具。

八白星：锅子、密封式容器、富民俗风味的手工艺品、研钵。

九紫星：宫廷风格的装饰画或模型、糖果盒、容器、圆形或球形器物。

以上是各星命的幸运厨房用品，宜置于山盘挨星的生、旺、辅佐方，可增进友谊。

书架、书橱

结合知识的九紫星与包容、储存的八白星，书架对二黑、五黄、八白、九紫星命的人，作用较大。

书架、书橱宜置于西南方、东北方，可增加人的充实感，坚定信心，潜移默化间具有随机应变的判断能力。

三碧、四绿命星宜使用木、竹、藤材的书架、书橱，可激励进取心、好奇心。

六白、七赤命星宜使用金属材料的书架、书橱，可使事半功倍，分享别人的成果，摄取很丰富。

一白命星使用木、竹藤书架、书橱，可以增强好奇心、求知欲；使用金属书架、书橱会有意想不到的幸运。

每一个命星的书架、书橱，都宜布置在山盘挨星的生、旺、辅佐方，而且以一四、一六、四一、六一会合的方位最好。另外，上元的二四、四一；中元的一八、八一、六八；下元的八九、九八也是很好的方位。

AV器材

音响、录音机、随身听、分离式喇叭、乐器等，宜置于东方、东北方或稍偏东南方，注意音量的控制及隔音设备，不要吵到他人。

声音是波的振动，会影响脑神经，宜位于向盘挨星的生、旺、辅佐方，如此才有使人振奋、充满信心、舒缓情绪的作用。

OV器材

由于尖端电子科技的进步，带动生活朝向自动化、便捷化迈进。居住空间、商业空间将变得更加方便舒适，电脑系统将更具智慧性，成为家庭、办公大楼的控制枢纽，用以控制各种电气用品及居住环境。

电脑主机、电子眼宜安置于山盘挨星的生、旺、辅佐方；电视、录放影机、个人电脑、屏幕游戏机等是以"看"为主要功能的器材，"画像"属九紫星，因此可置于南方。如果南方正好是玄关或厨房，不能摆置时，可稍偏西南或东南方。

这些器材若位于南方，又合于山盘挨星的生、旺、辅佐星气，可得贵人扶助，带来幸运的机会。

龙洞水盘（二）

您认为此物有何象征意义？请参与有奖解答。

风水小贴士

地基稳固的房子家运才能绵长。如果门窗出现不能关紧、墙身出现裂痕，或柱位、门位倾斜等情况，都是因地基土质松软的证据。

通讯器材

声音、电波属三碧星（后天震卦，先天离卦），与人际关系有密切关联，宜安放在东方、东南方、北方、南方等五行相生的方位。

经常与家人联络的电话以四方形、咖啡色或粉红色为佳。

与情人联络的电话以宜置于东南方或挨星的四绿方。

业务用电话以圆形或圆角、白色或米色的机组为佳，方位宜在挨星的生、旺方。

与朋友聊天、消除精神压力的电话以粉红色、橙色、红色为佳。

私秘性的电话宜黑色或蓝色，置于北方或山盘挨星的一白方。

传真机的放置要避免潮湿、灰尘、日照，宜在山盘挨星的生、旺、辅佐方。

时钟

属六白星（乾卦）的"自强不息"性质，是效用很强的幸运物品。

最好的位置是西北方或山盘挨星的六白方，可予人信心，减少工作错误，养成守时观念，处事果决、精力充沛。上元的八白方中元的八白方及一白方、下元的一白方，也是吉方。

闹钟也可放在东方或挨星的三碧方，因为闹钟是以声音为主要功能的用品。

印刷品及画片

日历、月历、版画、绘画、海报、摄影照片等是具有造型、色彩的物品，经由视觉而影响心理、生理，其题材包罗万象，宜依照个人命星喜好来选择。

如八白命星，可选用二黑、五黄、八白土及九紫火的内容，其次是六白、七赤金的内容。色彩为土黄色、咖啡色、褐色、茶色、红色、橙色、紫色、砖红色、白色、金色、银色等色系，以想达成的愿望来决定内容题材和色彩。贴挂于山盘挨星的生、旺、辅佐方。

挨星的退、衰、死、煞方以及二五、五七、七五、五九、九五、七九、九七等凶方要避免。

服饰用品

服饰用品的设计富有巧思匠心，美丽的形色使人愉悦，不一定要价值高昂，以自己的经济能力为选购前提，配合命星来安置格局、方位。

一白星：珍珠、浮雕钻石，银色

二黑星：蛋白石，金黄色

三碧星：绿宝石（翡翠、土耳其石），琥珀色

四绿星：翡翠、蓝宝石

五黄星：猫眼石、黄宝石

六白星：钻石、白金、水晶

七赤星：珊瑚、金黄色

八白星：玉、石榴石、印石

九紫星：红宝石、玛瑙、紫水晶

以上是九个命星的幸运宝石，亦可参考占星术、卡巴拉数的生日幸运宝石选择。方位以山盘挨星的生、旺、辅佐方为放置吉方。不限于宝石，其他的小饰物也可使用。

风水吉祥物品图鉴

香气

幸运女神总是会降临在清净、明亮、馨香的地方，因为香气可以驱邪。

现代的芳香剂随配料处方而有不同的功能，种类很多。

沉香：可以帮助获取爱人的心。

香气属四绿星，该命星的人，可在东南方或山盘挨星的四绿方焚香或摆置檀香扇、香袋等芳香物品，其他的命星都适合。

四绿星以鲜花之香最佳；三碧命星适合木材、草的天然芳香；八白、九紫命星适合麝香；二黑、五黄命星，使用洗发精的香，比香水更能展现魅力；一白、六白命星最宜于茉莉花香或檀香。

厕所中摆置的除臭芳香剂、洗好的衣物薰香都寓有驱邪的意义；书房、汽车内摆置天然香精，可以提神解疲劳，使头脑清醒；以中药与香料配合的香剂可以沐浴，消除肌肉、神经的疲劳，有的还可除湿，驱魔，用于打坐、治病、消灾。

不管是哪种香气，最好的方位是东南方及挨星的四绿方、生、旺、辅佐方。

观叶植物

以真实的小盆栽为佳，植物可以吸收二氧化碳，释放新鲜氧气，有益于生命的健康。绿色可消除视觉疲劳，而植物的发芽、长叶、开花、结果过程，更能予人生命消长的启示。

纯观叶植物宜摆置在东方或西南方；会开花、结果的植物宜摆置在东南方或南方；人造植物宜南方，利于人际关系的发展，使脑筋灵活。

以山盘挨星的生、旺、辅助方为主；东方的植物使人工作顺利进展；东南方的植物使人的才能得以发挥，成为名流，爱情婚姻顺调；西方的植物使人生活快乐，富有情调；西南方的植物使人具有韧性和宽容心，逐渐扩展事业。

水根植物，如大浮萍、水草、万年青，巴西铁树等，宜摆放在北方或向盘挨星的生、旺、辅佐方，有增长智慧、思考力、招财的效用。

铜制水盏

吉祥开运。

此物品应该如何使用？请参与有奖解答。

风水小贴士

开门即见一个向下的楼梯，也是不宜的，会使有利家宅的运气向下流走。

空调

空调的位置应注意避开直吹沙发或床铺，也不要直吹到餐桌上，如果长期被空调所吹，易患上空调病，家中有老人和孩子的也不适合安装大功率的空调，炎热的夏天只要把温度调在适合的温度就可以了。豪华住宅配有中央空调，其送风与回风是根据立体面积和新风需要量而配置的，其送风口和回风口的位置和大小尺寸也由安装方决定，居住者只需要把控制开关放到合适的位置就可以了。

暖气

北方的新楼盘中，采暖设备是必不可少的，采暖分为集中供暖和单户供暖两种。但有一点是共通的，就是暖气片应与采暖面积成正比，包暖气罩虽美观，但会影响散热效果，包暖气的的装饰窗应以粗线条的为好，并以不影响拆卸的最为合理。现在有些新型的装饰暖气片也颇受人们的欢迎。

在中国几千年的建筑史上，始终贯穿着一种精神，即"天地人合一"。《黄帝宅经》开篇即云："夫宅者，乃是阴阳之枢纽，人伦之轨模。故宅者，人之本。"可以说住宅是调节阴阳平衡的关键，关系到居住者的生活、事业与幸福。

人与住宅是相辅相成、相互影响的统一体。从现代生态学分析，人与住宅构成了一个最基本的生态系统，是人类生存发展最基本的单元，对人的生长发展、健康问题及事业发展影响巨大。

别墅的选择不同于一般的家居住房，它同周围环境的联系更为紧密，受到天地山水的影响更大，因此在选择时需要用心考察所选别墅的周边环境以及形式各异的别墅对于居家风水的影响。

大体来说，风水好的旺宅主要具备三个要素：阳光、绿地、水，这也正是现代化人居环境的基本要求。

第三章
别墅外观风水图解

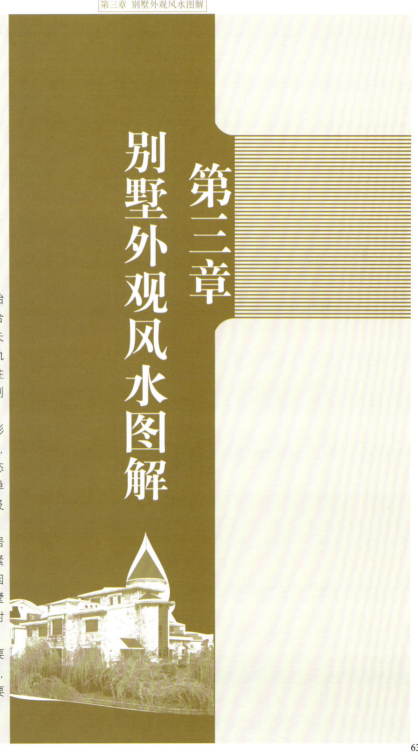

水榭香境，原生态人居物语

　　住宅大门前方稍远处有喷水池、游泳池或自然水池，形状方或正圆，称为"明堂聚水"。此处山清水秀，自然环境清新自然，适合人们居住。

　　居住环境的优劣直接影响居住者工作学习的心情，如果出门即可见清清游鱼，郁郁树林，心情自然舒畅，工作和事业也会得心应手。

风水吉祥物品图鉴

铜制玄武摆饰品

您认为此物有何历史渊源？请参与有奖解答。

风水 小贴士

进门入口处的室内不宜放地毯，地毯是用于清洁鞋底的，所以放在门外为宜。

绿意小筑，徘徊于自然边缘

　　住宅的后方有山，可称为靠山。山不必很高，如朝房子的方向看，能看见屋后的山形，都可称为靠山。如果山的顶部平坦如平台会有助于居住者的事业发展；如山位于住宅的西南或东北方位，而房子是位于东北、西南向，这是代表稳定的"不动坐向"，更能加强山的气场。

金星临阁，圆融居所

　　住家的西方、西北方向有山，山形呈圆形弧度不大，称为"金星山"。山势以能眺望见为准，山愈近，愈能感受到原始自然的气息，而其空气净化的影响力也愈强。圆弧形代表团圆和谐之意，在中国的传统观念中，这样的自然景象可以为人们带来学业、事业、生活上的良好运势。

风水吉祥物品图鉴

金制虎形风水摆饰品

虎中的白虎是五灵兽之一，白虎仁慈而不伤人，是百兽之王。

您对此物有何其他观点？请参与有奖解答。

风水小贴士

　　居室中不宜有大量的拱形门。拱形门比较适合公共场合，但在起居室附近的垭口（没有门扇，只有门套的叫垭口）上方可以有一点弧度。

野趣横生，品味悠然

住宅的西北方有大树，属于大吉相。西北方表示天、父、创始万物的涵义，大树在此隐喻自然之始。

从自然气候条件分析，我国大部分地区是内陆性气候，夏天阳光强烈，冬季季风强，住宅西北侧有大树，既能防止强风和北方的沙尘吹袭，也能起到天然隔热屏障的作用。

风水吉祥物品图鉴

铜制虎形风水摆饰品

老虎勇猛，具有威慑力；虎头形的雕刻或牌给人以力量。

您认为此物还有何象征意义？请参与有奖解答。

 小贴士

推门入室，直接看到窗子，不宜。开门的同时开窗，会大风穿堂而过，不利于身体健康。可在中间设置屏风，屏风半遮半挡就可以。

木色木香，田园清梦

　　树木的种植能使人们的生活变得更为舒适。人们不仅可以借助树木来减少道路上车流人声的嘈杂混乱，营造宁静安逸的生活环境，而且由植物构成的"生物场"更对人类的精神、情绪、身体健康、长寿等有十分重要的影响。

　　宅外种植松树可散发臭氧把结核病菌杀死；柏树释放对人体有益的挥发油。柏树和松树都有守护的作用，代表健康、长寿、魄力，最适宜摆放在门口的位置。

悠长假期，菊之飘香

　　于宅外种植菊花，对家人的身体健康有益。菊花中含有环酮龙脑等挥发性芳香物质，有清热、祛风、平肝、明目等功效。常闻菊花香对头痛、头晕、感冒、视力模糊等症有明显的改善作用。

风水吉祥物品图鉴

风水花瓶

　　花瓶的"瓶"字与"平安"的"平"字音相同。所以在家中摆设花瓶是希望家人平安。在公司摆放花瓶则希望工作人员健康。不过不可将花瓶摆放在桃花位内，否则变成招桃花的物品。

您同意上述观点吗？请参与有奖解答。

风水 小贴士

　　国家设计规范要求玄关入口拐弯处直径不得小于1.2米，小于这个宽度会影响家具出入。如果您营造玄关，请注意这个尺寸。

玉带揽腰，路曲有情

住屋前面有道路并呈弧形，作围绕状态，称为"玉带揽腰"。

"以水喻路，水曲有情"，此种说法可追溯到古代。古时候的宫城建筑往往会修建护城，以起到防御护卫的作用。而对于家庭住宅来说，当以道路来势平缓为佳。

留趣桥

风水吉祥物品图鉴

铜制"四神相应"套件（一）

您认为此物有何象征意义？请参与有奖解答。

风水 小贴士

　　古建民居的屏风多是挡实的，现代的屏风不必挡实，可以是雕花玻璃，也可以用花草树木代替。如果是屏风，底部可以垫起，上方可以镂空。

73

风情线条，气韵游走

住宅前面的道路呈弧形，构成"之"字弯曲形式，气流沿着流畅的通道游走，会令主人的事业一帆风顺，家人平安幸福。

铜制"四神相应"套件（二）

您认为此物有何用途？请参与有奖解答。

风水
小贴士

客厅最好位于住家的前半部靠近入门的位置，以便直接吸纳从大门进入的气，而且最好有阳台。

75

质朴低栏，温柔的触感

独立的住宅最好是有低矮的圆弧形围墙、栏栅围绕屋宅，这样不但可以清晰地区分私人区域与周边环境，还可以达到绝佳的装饰效果。

风水吉祥物品图鉴

铜制"四神相应"套件（三）

您认为此物适合摆放何处？请参与有奖解答。

风水小贴士

如果必须经过一条走廊才能到达客厅，走廊一定要保持整洁，照明一定要充足，以免阻碍气进入客厅。如果是夹层屋设计，客厅应位于下层。

77

开阔超然，畅想空间

　　住宅前面有一块平坦的空地，这块空地称为"明堂"，明堂开阔则视线通畅，无阻碍，潜移默化间会令居住者的胸襟开阔，视野远大，学业、事业会更有成就。

铜制"四神相应"套件（四）

您认为此物有何寓意？请参与有奖解答。

风水 小贴士

客厅的格局最好是正方形或长方形，如果呈"L"形，可用家具将之隔成两个方形区域，视为两个独立的房间。

绿野仙装，心之乐园

　　屋子的前方又被称为"前朱雀"，是住宅风水的主要决定因素之一。如果面对公园或绿野，则空气清新、环境宜人，家中气场流动更为顺利通畅。

　　置身于这样环境优美，地势平坦宽广的地方，无论是携伴游玩还是休闲小憩都会令人心情舒畅。

风水吉祥物品图鉴

风水狮子（一）

石狮子在民间象征力量和权力。

您认为此物还有何象征意义？请参与有奖解答。

风水
小贴士

　　座椅区不可设置在屋角，沙发不可压梁。如果客厅中有突出的屋角，可以那里摆设盆景或家具。

明堂净水，与自然共融

　　以住宅开最多窗的一面为向，面对公园、水池或停车场、湖泊、海等，都是窗前见水，称为〝明堂水〞，这样的家宅其空气成分及自然波的振动都对身体健康有利。

屋宅后面有空地或开阔的空间，也可扩展视野，为居住者带来宽阔开敞的心理感受。同时，空地有助于自然界的气场在此回旋逗留。

怀抱空间，缱绻风华

风水狮子（二）

在规模高大的商场、银行等建筑物前安放一对石狮子，按风水的说法，是给人以平安，具有护卫大楼之功用。

您认为上述观点合理吗？您的其他观点是什么？请参与有奖解答。

风水 小贴士

位于西北方的客厅必须明亮，尽量采用大量白色调色彩。位于西方的客厅应明亮适宜，不宜过亮，白色调不宜超过总面积的3/4或有三面临大窗。

方正大度·人性居所

最理想的宅地形状为长方形。为了获得最有利的阳光照射效果以南北长的宅地为最佳。因为考察宅地的形状时，首先必须考虑如何把阳光纳入到家居生活中。人们依靠太阳的红外线取暖，紫外线杀菌，光线的能量更使土壤与植物的气息发散到空气中，为人的健康带来有益的影响。

风水狮子（三）

您认为此物有何用途？请参与有奖解答。

风水 小贴士

　　位于东北方的客厅不宜太宽阔，以采用白色、土黄色、咖啡色为好。位于南方的客厅不宜留太多的无用空间。

呼吸自然，触摸浪漫

　　把车库设在住宅附近时，可在车库周围多种树木，以吸收汽车排出的废气。其中以种植榆树最佳，榆树生长速度快，枝叶繁茂，种于宅后有利于防风御寒，特别有意味的是榆树具有极强的吸附毒气、烟尘的功效，能够净化空气，保护环境。

风水吉祥物品图鉴

风水狮子（四）

您认为此物适合摆放何处？请参与有奖解答。

风水 小贴士

位于北方的客厅应该采用淡雅及清冷的色彩，不宜太过鲜艳。位于西南方的客厅设备宜多，家具宜用厚重材料，采用黄色或原木色彩。

阳光心情，适性空间

　　根据阳宅秘法，住宅南面如果留有空地，就会带来好运。从古至今，人们都认为在建筑物南面留有空地会为家人带来好运。而对整个建筑物来说则有四大益处：①可以享受到充分的阳光。毋庸置疑，大自然的阳光会为家庭带来温暖、明亮的舒适感受，同时，光线还具有杀菌消毒与安定心神的功效。②保持空气流通。南面有空地更能有效维持室内空气的新鲜度，令居室通风良好，冬暖夏凉。③使住宅更为静谧。门窗大多设在南面，南面空地让住宅与外界保持一段距离，更有效地保证住宅的私秘性。④住宅隔间容易。接受大量的阳光，室内隔间就比较容易，方便整个住宅的房间配置。

风水吉祥物品图鉴

龙龟铜制摆饰品（一）

龙龟是瑞兽的一种，主吉祥，故可用作化灾。

您认为此物还有何象征意义吗？请参与有奖解答。

风水
小贴士

位于东南方的客厅宜大宜宽，可多用绿色调或花木装饰为好。位于住宅中间的客厅可自由设置，最好采用黄色调来统一全屋。

闲庭信步，家的港湾

住宅前方的邻宅适宜低，后方邻宅适宜高。前面房子低，气运顺畅，后面的房子高，等于背有靠山。后面高大的房子可被视为前方住宅的依靠之物，予人心理上的安全感和信任感。

第三章 别墅外观风水图解

风水吉祥物品图鉴

龙龟铜制摆饰品（二）

龙龟的用法较复杂，要恰好放在三煞位或水气重的地方才有效。

您认为此物适合摆放何处？请参与有奖解答。

风 **水**
小贴士

客厅是聚集旺气的地方，要求安静稳定，不应将客厅规划在动线内，使人的走动过于频繁。

91

宜人布局，闲雅生活

住家纵深长、横阔短比较适合家人的居住。合理的格局会使居住在房子里的人行动随心所欲，有利于身心健康和事业兴旺。

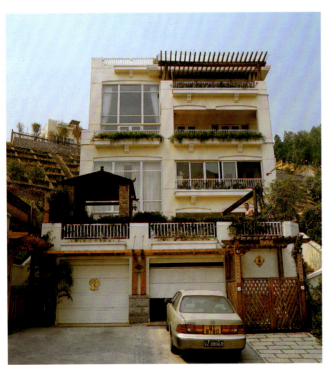

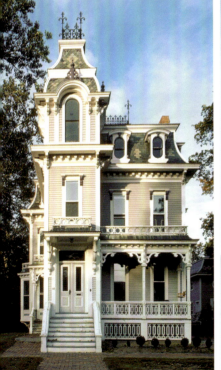

风水吉祥物品图鉴

铜制犬摆饰品
您认为此物有何用途？请参与有奖解答。

风　水
小贴士

　　刀剑不可乱挂。传统风水学认为，若将刀剑之类的东西挂在西北方则不吉，因为西北方为金位，金过于旺盛会使家人容易受伤。

天圆地方，纯美家情

　　住宅呈圆形，没有过于尖锐的棱角，是所谓的"天圆地方"，有诗云：中央高大号圜丘，修宅安家在上头。人口赀财多富贵，二千食禄任公侯。圜（元）丘，古代祭天的圆形高坛，土高者为丘，圜者象天圆。因此圆形住宅隐喻合家团圆之意，符合中国人的传统家庭观念。

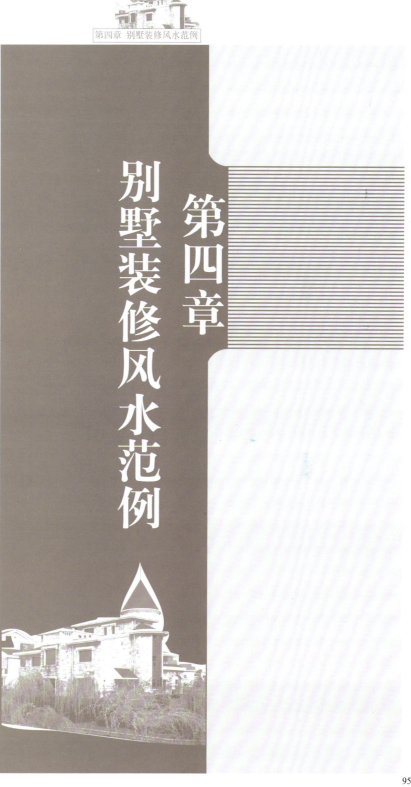

第四章 别墅装修风水范例

随着我国城镇建设的飞速发展，人们物质生活和消费水平不断提升，越来越多的人开始将宽敞舒适的别墅作为安居的最佳选择。

人们在择居购屋时，对环境优劣与吉凶的考量也越来越重视和慎重。因为别墅与自然、环境、土地的联系更为紧密，受到外界影响的几率也较一般家居住宅来得大，因此它应该更为严格地符合居住风水哲学的要求。

本章精心选取了一些典型的别墅案例，为读者详细讲述别墅室内设计的风水之道："选择和创造适合人们的身心健康及其行为需要的最佳环境，使之达到阴阳之和、天人之和、身心之和的境界。"

一、镶嵌雅致，端然尔雅清逸居

三正半山豪苑伯爵别墅

风水概况：

该别墅是坐子向午（坐北向南），属东四宅之坎宅。坎宅之生气位在巽宫，巽宫是本宅屋的财位。大门开在438延年方位，属中吉方位；坎宅五行属水，宜装修色是白色、米色。宅中文昌位在东方。二楼卫生间开在坎宅最吉方——西南方。

旺宅布局建议：

宅中财位在东及东南方，这是下元旺水，东为正吉零神水，主财旺。东南方为水位，亦主旺财。经云："山管人丁水管财"，因此，水便是财了。全屋的大太极，南方为七赤星及延年吉星飞到，延年金与七赤金五行相同，为吉气，故可以在接近南方的睡房摆放一雾化盆景，或是在客厅的南方摆放金鱼缸，养鱼1条或6条，都利于增强宅运。

大门开南门（朱雀门），如前方有一水池或平地，即是有"明堂"，这样，门更适宜开在前方中间，东四宅大门开在南方，其最大的好处是在于生活平稳。代表着一切问题可顺利解决，居住其中身心能轻松，生活顺遂。大门入口处南面放置植物，如红色插花与绿色盆载，在风水上能达到生旺的效果。植物是理气的方法之一，有助于平衡协调能量，让室内充满生气，美化视觉效果。南方五行属火，代表名誉地位，放置红花可以加强运势，有助于得到好名声。

金龙龟

您认为此物适合摆放家中何种位置？请参与有奖解答。

风水 小贴士

　　书桌座位的背后最好能靠墙，这样就基本避免了背后无靠的发生。书桌左右不宜面对厕所门，窗处不宜正对旗杆或电线杆。

坎宅的客厅应该采用宁静及冷静的色彩，不宜太鲜艳，宜装修色是白色、米色为主，灰色为辅。客厅在伏位小吉方位，客厅四个放置沙发的吉方位是东方、东南方、南方、北方。现在东方、南方、北方均放置了大沙发，是绝佳的摆设方案。

风水吉祥物品图鉴

关羽神像

中国的财神不只一个，如相传的文财神是殷代忠诚文臣"比干"。而武财神则是三国时代的"关羽"——长须的关公。还有一个比较正统的财神便是"赵公明"——黑面的赵公明。三个财神都是最旺做生意的人，令经商买卖可赚资财。

您的观点是什么？请参与有奖解答。

风水小贴士

　　书房宁可小而雅致，忌大而无当。大书房难于集中精神。书房颜色，应以浅绿色为主。

餐厅在太极中心位置，旁边设置休憩区，是一家人促膝谈天的好地方，能增进家人沟通的机会，加深了解，对增进亲情大有好处。

餐厅的格局是长方形，位置安排于客厅与厨房之间，同时又是房子的中央，有助于增进亲子关系。

餐厅是一个人养生的根源，所以餐厅的干净明亮更彰显一家人的健康所在。淡雅的鹅黄色地毯、米黄色墙壁与家具饰物的暖色系列以及灯光均有助于增进食欲，营造温馨的家庭就餐氛围，更有助于增进家人的和睦关系。

风水吉祥物品图鉴

书房的文昌位在东北方，谓之"虚联奎壁，启八代之文章"。可摆放文昌塔增智慧；摆放升官尺、如意增升职运；摆放玉山、玉圭增加权力。书房因文昌属木，能用绿色、浅绿色是最好的选择。书桌为木质而且形状方正、四个尖角收成钝形，免却了屋内的冲煞，是比较好的格局。

关羽像壁挂

您认为此物有何历史渊源？请参与有奖解答。

风水 小贴士

在古代的风水术中，理想的卧室吉相是家庭成员各自拥有适合自己方位的卧室。主人夫妇应该居于西北方位（从屋子中心看）的房间，长男居于东方，长女居于东南，老人居于西南。其他的家庭成员居于哪个方位都不成问题。

东南方的厨房通风效果好，而且阳光充足，在这样的厨房中烹饪出来的食物，含有天、地、人的热量，可谓是强化健康、有益精神的营养食品。

东四宅最佳安厕的四凶方分别是东北方、西北方、西方、西南方。厕所适宜压在家宅的凶方，忌设置在吉方。

此卫浴间开在宅屋西北方，是比较理想的方位，而且三面环窗，足以令其空间保持清新的空气。主人也很注意保持环境的清洁和空气的纯净。浴缸周边点缀绿色植物，让屋中最能威胁家人健康的场所变为休闲生活的一部分，实为理想的现代家居布置。

风水吉祥物品图鉴

三国演义历史人物泥塑套件

您能说出此物中历史人物的传奇故事吗？请参与有奖解答。

风 水 小贴士

卧房门不应两两相对，尤其不能偏对。卧房门不应正对厕所门和储藏室之门。

风水 小贴士

横阔长、纵深浅的房子，不吉。居住这类屋子，福泽很薄，财运也差，易患呼吸系统方面的疾病。

黄色、土色、棕色等在五行中属土，对婚姻、爱情有稳定维持的助力，是能让幸福长久的幸运颜色。采用黄色系装饰卧室可增强土性之安定能量，使夫妻坚守同心，有助于增进家庭的财运。另外，暖色系的玫瑰花也有相同效果，可在房中插朵红色或粉红的玫瑰。

绿色是主掌健康、家运和财富的力量，绿色植物有美化环境的功效，绿色在五行中属木，非常适合布置在正东与东南方的房间。该房位于东南方，绿色的地毯、墙纸加上阔叶植物有助于柔化视觉空间，适合老人家休息，更利于吸收林气，陶冶性情，加强身体健康。五行中有以水养木的原理，所以在这个方位摆设水性的开运物，比如山水画，也可助长木气。在卧室内设置盆栽植物应以一盆或两盆为宜，不可多放，最主要的原因是植物在日间能产生氧气，有益健康；但晚上却要吸入新鲜空气。因此，盆栽太多，便会在晚上和睡梦正浓的人互相"抢气"，把卧室空气弄得混浊。另一方面，植物容易滋生蚊子，太多盆栽会对人体健康不利。

风水吉祥物品图鉴

招财神贴纸

旺财运、旺生意。

您同意上述观点吗？请参与有奖解答。

风水小贴士

儿童房里床位、书桌的右方及床头处不可有马达转动。床头不可有冷气机、抽风机转动。

此房是该宅的东南面，东南方为"火曜连珠相值，青云路上自逍遥"的财位，宜开门设房。东南及东方是日出的位置，特别有利于儿童的健康。房间方位大吉，窗口同时迎接午前阳光进入，室内满盈生气。地毯的颜色可较墙壁的颜色深一些，尽量避免形成上重下轻的格局。

风水学上，儿童房的地毯颜色选择，与墙纸有所不同。墙纸的颜色是按照儿童的五行而定，而地毯的颜色则是按照房间的方位而定。因而此方位的房间选用墨绿色地毯，会更利于儿童的健康成长。

各方位儿童房地毯的适宜颜色：

西北		北		东北
西	米黄色	灰蓝色	啡黄色	东
	米黄色	啡黄色	墨绿色	
	啡黄色	深红色	墨绿色	
西南		南		东南

二、银金紫醉，异域韵彩逐光华

三正半山豪苑公爵别墅

风水概况：

该别墅户型风水八卦上是坐子向午（坐北向南），又曰"午山子向下卦"，属东四宅之坎宅。坎宅招财物：财神爷、水晶、开运竹、发财树等。忌花木放在客厅中央。

旺宅布局建议：

"山"的财位宜放置盆栽（如发财树——翡翠木、福树、黄金葛、松树等常绿土栽植物）或事务桌、卧床、沙发（或木制太师椅）。"山"的财位以坤方为最佳，因山盘八白是生气，"富近陶朱、坚金遇土"若当运时，不但旺人丁而且还催富贵。"水"要放在子、午两方；"山"要放在子、坤两方。作"山"看的有高大的衣柜、稳实的组合柜等；作"水"性质包括一些透光的、流动的东西，如喷水池、水族箱（鱼缸）、自来水、冷气孔、电梯、窗户、空缺处等。

镀金财神卡

您认为此卡有何含义？请参与有奖解答。

风水小贴士

孩子的书桌前最好不要有高物压迫，如在书桌上设置书架。儿童房天花以乳白色为佳。

站在别墅大门内面对门外的方向，左边就是龙边，左青龙是生气方，青龙方代表喜事、喜悦，有人在此活动就会带动生气。同时，不论是平房或二层建筑，阳台以东方和南方为佳相。

该别墅在左边龙的旁边开辟一个室外露台是为佳选，该地面积宽广而且位于东南方位，冬暖夏凉，能充分享受大自然的恩泽，是为风水吉相。

通常日式设计的居室被称为和室，和室装修建议：确定有足够空间时才辟为和室；和室不宜作为主卧室或分为储藏室；和室宜靠近客厅之间，采光充足为上；摆设以简便为宜。

"招财进宝"铜牌

您认为此铜牌适合摆放家中何处？请参与有奖解答。

风水
小贴士

孩子床位头部不宜正冲或左右冲房门，床位脚部不可正冲门或马桶。窗口忌大红色、深黑色。

南方利红色，中国传统中红色代表喜事、热情、大胆进取。在风水学上，南方属火，直条纹、藤蔓树叶的图案五行属木；星状图案五行属火，所以在南方摆放直条纹或星状图案的红色地毯可使家人充满干劲，带来名利双收的好运。

风水上讲究"大厅小房、明厅暗房"，即客厅要比房间大，这是有道理的。客厅作为家庭的门面往往是给访客印象最深的地方，也是一家人团聚谈心的地方。客厅宽大明亮表示主人的心胸宽广、前途光明，并有许多贵人相助。同时，四方的格局具备了好风水的基本条件，两层高的大厅空间不会让人有压迫感，只会使人感觉到主人的眼光独到。家庭装潢气氛既温馨又大气，好的风水能增进家庭福祉，建议在大厅最南面入门处放置一金鱼缸更能增加催财效果。

四平八稳的格局象征着主人的事业上春风得意，从这个角度看客厅更为宽敞明亮，宽大的客厅更易于扩展事业和人际关系。走道的东面放置红花绿叶盆栽是比较合理的布置，一般植物都能给家居带来有益的气，利于身体健康，阔叶盆栽植物能够吸收废气，散发有利精神健康的负离子。

风水吉祥物品图鉴

"招财进宝"竹制红挂坠饰物

竹含富贵、吉祥之意，深受人们喜爱，且极具收藏价值。

您的其他观点是什么？请参与有奖解答。

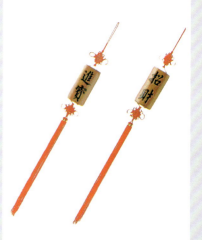

风水 小贴士

厨房中，水位应在北、东、东南为宜，在西次之；灶位应该在南、东、东南为宜。当然，水火要同时搭配考虑。如果水火同时都安排在西边，那水位应放在靠北边一侧，灶位应放在靠南边一侧；如果都在东边，水位应靠南，灶位应靠北；如果都在北边，水位靠西，灶位靠东；如果都在南边，那灶位应放在靠西一侧，水位靠东。

风水上有一文昌星，主头脑灵活，不同的人在不同的方位都会有文昌星排到，如果将书桌摆放在自己的文昌位上，学业和工作都必然收到事半功倍之效果。

书房需有沉静的气氛，运用的颜色视喜好的书类而定，如娱乐书籍较多可配绿色、淡蓝色、粉红色。

　　本来，风水学上有好几种方法来推算文昌位，其中以玄空风水学配合实地环境来选择会最为准确。但必须是有经验的风水师实地勘察方可使用。除此之外，以配命的方法选文昌位，是较为实用而又容易掌握的方法。此方法是按出生年份的天干推算出来，在自己的文昌位摆放书桌，有了个人的努力加上文昌星的眷顾，成绩必然更为理想。现将出生年份与对应的文昌位列表如下：

文昌方位	出生年份
正东方	1943、1953、1963、1973、1983、1993
东南方	1944、1954、1964、1974、1984、1994
正南方	1945、1955、1965、1975、1985、1995
西南方	1946、1948、1956、1958、1966、1976、1978、1986、1988、1996、1998
正西方	1947、1949、1957、1959、1967、1969、1977、1979、1987、1989、1997、1999
西北方	1940、1950、1960、1970、1980、1990、2000
正北方	1941、1951、1961、1971、1981、1991、2001
东北方	1942、1952、1962、1972、1982、1992、2002

眼镜蛇型摆饰品

此物有大吉之意，还有带来财运的含义。

您认为上述观点合理吗？请参与有奖解答。

风水小贴士

　　根据中国传统"家相学"的原理，马桶的方向不可和套宅的方向一致，比如套宅大门的方向朝南，那么当人坐在马桶上的时候，如果面也向着南方是不宜的。

风水吉祥物品图鉴

走廊、通道是内路之气，相当于人体内的血管、肠道等。如果宽大的走廊采光良好，可在走廊外侧增建一个阳光区，作为玻璃屋或日光室。

三腿蟾蜍（一）

三腿蟾蜍相传会吐钱，被人们当作旺财的瑞兽。

您同意上述观点吗？请参与有奖解答。

风水 小贴士

新陈代谢是植物的天性，家中的花木有枯叶的时候应立刻拔除，新叶子自然会长出。

风水 小贴士

如果从阳台外望，附近山明水秀，应该摆放那些可收生旺之效的植物。一般来说，风水上有生旺作用的阳台植物均高大而粗壮，叶愈厚大愈青绿则愈佳。

方正的镜子格局可加强主人的气势，最好选择加框的镜子，避免棱角外露。圆形镜和椭圆形镜象征圆满和谐，因此，家中卧室的镜子或女主人化妆台镜子的形状最好能采用这两种，或是棱角较少、形状不尖锐的镜子。偏电视机的一面墙旁边比较适合放置常绿阔叶植物。根据物理测试表明，植物能够遮挡电磁波和辐射的干扰。

卧室明黄色的装潢，有利于调节卧室的光源，柔和的光线利于睡眠，增加心理上的安全感。在床头边加设两个小床头柜，事业财运更有加倍的力量，特别是设有抽屉及二盏小灯，更具有催财及聚财的功能，枕头男左女右，也代表阴阳，男子法天道运行为阳，女子法地道运行为阴，人界之阴阳就像太极的阴阳互为消长，阴阳法则运用好便能超出气数，这是后天返先天的诀窍。

风水吉祥物品图鉴

三腿蟾蜍（二）

摆放三腿蟾蜍，头要向着公司内、店铺内或住宅内，不宜向着公司门口、屋门口或店铺门口，否则所吐之钱皆吐出屋外，另外也不宜头向窗，与向着门口同意。

您认为此物还有何种作用？请参与有奖解答。

风水 小贴士

　　如果从阳台外望，四周环境恶劣，附近有尖角冲射，街道直冲、街道反弓，又或者面对寺庙、医院及坟场等，便需摆放一些茎或花叶有刺的植物，起到保护家居的作用。如，仙人掌、玫瑰、杜鹃等。

风水 小贴士

通常，浴厕的设备、浴缸、马桶和墙面装饰宜采用明度高的淡色系，这样会使浴厕有洁净明朗的感觉。其实，只要卫浴间经常保持干燥清洁，不产生异味，任何色彩都可使用。但是如果想打开健康的运势，则以淡色系列的白色、象牙色、柠檬黄、粉红色、浅蓝色等色为佳。避免大面积的使用鲜艳的红色、紫色。色彩缤纷的卫浴用品具有点缀、装饰的作用，如卫生纸盒、小浴巾、香皂等可使用比较醒目的颜色。在浴厕"合适的方位"中摆置红色的插花，可以催婚姻，缔结良缘。

每一层的浴厕应尽量规划于同一方位，排水排污系统才能顺畅一致。避免卧室、书房等在厕所之下。

私人浴室使用高明度、低彩度（不华丽而淡）的色彩营造出一个既优雅又精致的沐浴空间，透露出纤细的都市气息和高品位的格调。干净和私秘性强的结构能让人心情放松，洗却一身困倦与尘嚣。

风水 小贴士

浴室可采用黑白两色或其混合色装饰，但需配上彩色的浴巾或手巾。

三腿蟾蜍（三）

您认为此物适合摆放于家中何种位置？请参与有奖解答。

风水 小贴士

庭院内水池设计时需要谨慎考虑，如果设计不当会给我们带来种种烦恼，如疾病、家庭不和、事业衰败等。

风水吉祥物品图鉴

三腿蟾蜍（四）

您认为此物还有何种特殊意义？请参与有奖解答。

风水 小贴士

装修品中，牛角、佛像、十字架等都有不同的功能：牛角象征成功，佛像和十字架可使居住其中的人有心灵寄托。

三、古韵西谱，明月秋风无尽藏

观澜高尔夫别墅C户型

风水概况：

该别墅户型风水八卦上是坐丑向未（坐东北向西南），属西四宅之艮宅。艮宅的生气位在兑宫，兑宫是家中财位。大门开在生气方，对女主人最吉利，女主人不但身体健康，而且做事有干劲，家里经常井井有条。艮宅五行属木，宜装修色是白色、浅色系列。宅中文昌位在北方、西方。

旺财布局建议：

坐丑向未的大门在西南方，西南方为七运照神位，见水称为催官水，旺偏财，故可在这个方位摆放雾化盆景来催旺横财。小太极（客厅）的西南方，亦是大太极的北方，在这个方位摆金鱼缸，养黑色或灰色金鱼九条，另在小太极的北位放一个紫水晶，有旺财的力量。无论正财或偏财，都能催旺。因为北方为六白金及八白土吉星飞到，而五鬼火本属凶星，且克六白金，幸现八白土泄五鬼火生六白金，吉星愈见兴旺，自形成一个"五鬼运财"的局，正偏财皆旺盛。

"大厅一吉则全宅俱吉，大厅一失而全宅皆失"是风水学中经常被提及的观点。该客厅开在住宅的天医次吉方，装修上多采用白色、土黄色、咖啡色为好。客厅沙发为白色皮革面料最佳，忌粉红色或绿色饰物。西北方五行属金，蕴涵贵人运。白色、金色或银色，或金属特质的饰品、金属灯罩的吊灯等都能强化贵人运。客厅风水上十分讲究藏风聚气，地毯不但可美化家居也能达到这种效果。然而，一些基本图案都有自己五行属性的颜色，如波浪图案属水，直条纹属木，星状图案属火，格子图案属土，圆形属金。西北方的客厅地毯选用白色为主色，蓝色为辅色，图案为圆形或波浪圆形的种类，会有利主人事业的蓬勃发展。

风水吉祥物品图鉴

貔貅（一）

此物与古钱等搭配使用，有利于增强能力。

您认为上述观点合理吗？请参与有奖解答。

风水 小贴士

　　按阴阳五行的学说，圆形的鱼缸五行属金，可以生旺水，是为吉利形状。长方形的鱼缸，五行属木，虽然泄水气，但两者相生也可用。不要选用正方形、三角形或八角形的鱼缸。

风水吉祥物品图鉴

貔貅（二）

一般人认为貔貅可旺财，摆放貔貅要注意：头必须向门外或窗外，因为相传貔貅食四方财。

您对此的看法是什么？请参与有奖解答。

"橘"与"吉"谐音，盆栽甘橘便成为人们春节时家庭的吉祥摆设。

客厅的必经之路，位于全屋的主要动线上，平面上缺巽、坎两角位，西面安置了一面墙的镜子，正好把缺角的映象补成方正，方正的格局可加强主人的气势。一般缺角可用屏风阻挡或用镜子的反射，造出缺角的一方，使其看起来方正圆满。镜子不正对大门是有好处的，只因放在大门对面会形成冲煞，把好的气反射出去。另外，在此处安镜也可方便主人外出及客人到访整理衣冠。

　　从平面布局上看，这里是住宅的中宫位。从电梯内面向正西方右边是全屋的大太极位。太极的位置，由太极运转八个卦位，因而适宜摆放鲜花，花的自然香气可以转动家中的正面能量，对家运更有助益。玫瑰色或薰衣草色的电梯间可旺南方的火，适合客厅或房间的南边，可带来名利双收的好运。金属电梯门外框能增加屋内的光度，若在二楼会客区正西或西北面增加金色配饰物可加强财运，增进贵人运。

风水 小贴士

　　储藏室的门不宜对卧室门或大门，否则会对居住者的健康及精神状况有不利的导引力。

风水吉祥物品图鉴

貔貅（三）

您认为此物还有何寓意？请参与有奖解答。

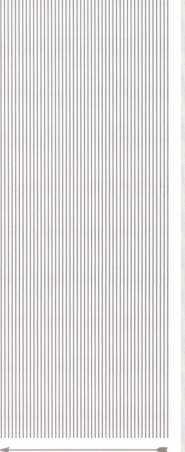

会客室位于正北面，八卦的正北五行属水，北方利于诉求事业运。正确利用八卦植物分配法可助主人的事业顺利与成功。

建议不要摆设假的装饰花，因为在风水上，植物是有灵性、有生命的，人与植物之间存在着生物场，想拥有健康、顺利的人生就离不开绿色环境，而且假的永远也真不了。适合放在室内作为生财的常绿植物其实很多，像枝叶茂盛的植物就很适合放在家中，可放一盆发财树（又名翡翠木）就比较好，能够收到生旺之效。

风水 小贴士

吉祥草小巧，也叫瑞草，终年青翠，泥中水中均易生长，象征着"吉祥如意"。

在风水学来说，浴厕被视为不洁之地，应该开在凶方来镇压凶星，忌压在吉方。此卫生间在艮宅的次凶星六煞方，可以说是以邪制邪，这样便不凶反吉。

鲜花的香气可以驱邪，香气放置的最好方位是东南方及挨星的四绿方、生、旺、辅佐方。东南方五行属木，适合摆放圆形叶子的盆栽植物，借五行中水生木的生克道理帮忙开运转化，或加装抽风设备保持干燥。

风水 小贴士

室内宜栽种的植物有万年青、黄金葛、袖珍椰子、巴西铁树、翡翠木等。

二楼卧室装修色调以咖啡色为主色，土黄色为辅色，这两种颜色能让思想澄清，是提升知识与学习之最佳能量，对求学中少年有帮助。此卧室位于住宅南方，南方属火，南方的太阳有很多的热量，住在南方的卧室的人，观察力特别强，可形成具有创造性的才能。风水上南方用红色是吉利的，如果摆放直条纹或星状图案的红色地毯，可弥补居住者缺少的热情开放的性格特质。

风水麒麟摆饰品

中国传统瑞兽，有"四灵兽"的说法，这四兽便是麒麟、龙、凤、龟，而麒麟是岁星散开而成。因而摆放麒麟有利添丁。

关于麒麟还有何种传说？请参与有奖解答。

灵芝自古视为祥兆，吉祥图常见鹤嘴衔灵芝，用作祝寿礼品。

东北方位的主
卧室，应该以清洁
为第一，因为这样
才能够提高金钱运
与健康运。因北面
就是二层露台，为
了提高身体的能
量，不妨在室内外
放置一些观叶植
物。此卧室是属相
为牛、虎、八白年
生人的吉宅。床头
位于太阳上升方位
休息的夫妻，每天
都感到十分舒爽，
只因为朝阳是新生
命及希望的象征。

风水吉祥物品图鉴

香炉

3个动物形状的香炉。

请说出以上物品产于中国哪个朝代？请参与有奖解答。

Three incense burners in the shape of mythical animals
Ming dynasty, 17th-18th century AD

All these incense burners copy the shape of a Han dynasty (206 BC-AD 220) bronze vessel. They are all much larger than the originals.

Bronze inlaid with silver

Gilded bronze
Given by James Webconten OA 1995-10-15-1

Porcelain
Dehua, Fujian province
17th-18th century AD

风水 小贴士

　　银杏树因在夜间开花，人们看不见开花，传为有阴灵，故而术家的符印要用银杏木刻制。

四、典雅尊荣，一泓雅致漾雍华

观澜高尔夫别墅D户型

风水概况：

该别墅户型是坐巳向亥巽宅（坐东南向西北），属东四宅之巽宅。艮宅的生气位在坎宫，坎宫是家中财位。东四宅巽宅大门，巽宅五行属火，宜装修色是白色、米黄色。宅中文昌位在西南方，西方及西北方都属金。

旺宅布局建议：

坐巳向亥的大门在西北方，以在大太极而论，西北方为七运的三般卦，见水主旺财，所以宜摆放雾化盆景。在客厅靠近东南露台一侧为巽位，宜挂一层塔形铜风铃，可以旺财。至于厨房水位，只得东及东北可作选择，现在东位见水，于玄空大卦为零神水，主旺财，于八宅派论，延年见水亦主旺正财，所以来去水位适宜安置于东震方。

巽宅客厅适宜的装修色是白色、米黄色，招财物是麒麟、财神爷、绿水晶，开运竹等。客厅形状方正且四平八稳，代表主人光明正大，空间布局及家具摆设的对称设计，既显示出主人交际面广的人文特质，也符合风水上崇尚方正的要求。客厅与玄关采取同向，建议用屏风区隔，这样做既符合风水（喜回旋、忌直冲、中让空以聚气）的原则，同时也避免了大门与后大窗连成一直线（穿堂煞）的格局。

风水吉祥物品图鉴

铜制龟

如要化解尖角冲射，可在屋内悬挂铜龟，龟壳只要对准冲射入来的尖角，便可收化解之效。

您认为上述观点合理吗？请参与有奖解答。

一楼会客区正西偏南的一面墙放置了两排酒柜。酒柜在风水上也有讲究，风水这门古老的文化，千百年来已与人的生活变得密不可分，不但获得科学的印证，而且与人的生活、事业、财富、爱情、健康等联系紧密已是不争的事实。

酒柜一般适宜摆放在户主本命吉方，西四命的人摆放酒柜的四个吉方分别是东北方、西北方、西方、西南方；同样剩下的四个方位就是东四命的人的吉方。配合有利自己的风水格局，将风水无形的能量加强，营造热情和谐的气氛，将有助于主人社会事业的成功，同时招来财运。

风水 小贴士

在客厅中摆放大象饰物，"加强坐方之力量"，大象体积庞大，如山一般。当屋后无山，便以象作靠山论。

餐厅就餐者的数目以5、7、9、12这几个数字为佳，这些都是属阳的幸运数字，不妨用数字开运法旺一下财运。如家人都坐在本命卦的四个吉方位置，全家一起开运效果会更为加倍。比如，年长者可面对天医方而坐，对其健康有很有帮助；家中女性家长则可选择坐朝延年方，能促进家庭融洽和乐；伏位方有催化文昌运的功效，求学中的年轻一辈不妨多加利用；而家中男主人则可朝生气方而坐。三面环窗的餐厅其亮色的装潢以及均匀明亮的采光，都可以增加火行能量吸收，让阳气聚集更顺利。餐桌上方悬挂吊灯，可让火行能量更集中在餐桌上。

风水吉祥物品图鉴

龟形摆饰品

您认为"龟"摆放于家中有何种象征意义？请参与有奖解答。

无论是东方或西方，餐厅都是充满温馨，代表家庭的和乐圆满、分享食物的地方。餐厅是人养生的根源，所以餐厅一定要干净明亮，如果餐厅杂乱无章，会影响到家人的健康。西式餐厅合乎清洁、卫生的原则，就餐完的清洁工作亦较单纯化，优于日式的榻榻米餐厅。

风水 小贴士

鱼的品种就可以收趋吉避凶之效。龙吐珠，鱼身好像一把利刀，而且鱼性较为凶猛，一般地都用它来向着煞方，藉以收挡煞的作用。另外，它对财运的增强具有相当的效力，得由于鱼性猛烈，一般而言是有利偏财的。

二楼走廊建议放置开运竹或万年青等吉祥植物，它能影响气的能量与方向，也能帮助屋内气流回复平衡状态。翠绿的植物不但可令眼睛舒适，在偌大的空间里，植物还有净化空气的作用。此外，当桌角或尖锐有角度的物品对着大门时，植物盆栽还可软化那些因锐、尖、有角度的物品而产生的阳气，化解直接冲煞。风水上讲"一条直路一条枪"，宜把两边卫生间、书房等门打开，利用那些门与门间的气流，冲散走廊酝酿的"硬直"之气。

睡房颜色的选择相当重要，颜色非但影响人的情绪，而且在风水学来说还会影响到人的运程。因而便要小心选择，尽量选用自己本命的颜色。该卧室以奶白及杏黄为主色，兴旺五行属金的人。东北方和西方的二楼卧室适合西四命的人居住，适合西四命人居住的还有西南、西北房；适合于东四命的人居住的方位是北方、南方、东方、东南方四个方位。

风水学最讲究"宅命相配"，作为东四宅的巽宅适合东四命的人居住，倘若不能达到这理想，便要以"房命相配"来补救了，亦即，主人家刚好属西四命，这二楼的几个客房方位就十分适合改为主卧室。

风水吉祥物品图鉴

风水玉帝麒麟宝

据说孔子是由麒麟所送, 孔子在出生前有一麒麟来到他家庭院里, 口吐玉书, 玉书里记载着孔子的命运。 有些图画有一小孩子骑在麒麟上, 是 "麒麟送子" 的意头。

您的其他观点是什么? 请参与有奖解答。

风 水 小贴士

　　黑摩利、黑牡丹等黑色身躯的鱼, 一般来说都是用来挡煞的, 其中以黑摩利在挡煞方面的效果较佳, 而黑牡丹在挡煞和招财两方面都有功效, 但性质比较柔和。

　　该房间的布置，衣柜压在凶方，而睡床"坐旺向旺"，是"财源广进"的格局，房门又开在生气吉方，故各方面均十分理想。西南五行属土，采用杏黄色为主色能生旺五行属土的人。建议加些红色作为配色，只因红火生土，是五行属土的生旺色。要在此方位收到良好的风水效果，还要结合居住的主人五行所属，根据五行相生相克的情况，增加或去除一些配饰颜色。东方属木，是零神水位，水生木，屏风的图案以山水图画为佳，可加强主人运势亦使夫妻感情和睦。

五福圆盘

蝙蝠的"蝠"字与福气的"福"字同音，所以蝙蝠便成为幸福好运的象征。两只蝙蝠并在一起，代表双重福气，而5只蝙蝠并在一起，称为"五福临门"。

您同意上述观点吗？请参与有奖解答。

风水 小贴士

七彩神仙、锦鲤、金鱼等色彩鲜艳，鱼性温和，人们大都用来生旺正财，这些鱼的功效在于能够令人际关系和谐，做事方面障碍减少，在实质的财富增长上，速度是比较慢的，但由于运气转为平顺，当事人的心境也比较愉快。

传统上，卫生间与主屋分开设置才是良局。此卫生间中，浴缸与马桶之间明显隔开十分符合卫生与功能要求，这也是最常见的用水设备安排法：在3.33平方米左右的盥洗处两边分隔开浴室与厕所，使整个卫生间保持连贯性，不但空间宽敞、设计新颖、明朗清洁，而且讲究材质、色彩、设备的高雅。如再摆饰些花盆，加装冷暖气空调、洗洁乳皂、烘手机，放置除臭剂等小物品更可令家居气氛温馨舒适。

五、长天碧水，慧心别具

东莞大朗碧水天源别墅

风水吉祥物品图鉴

凤凰圆盘

凤凰在古代是瑞祥的象征，民间有凤凰不落无宝之地的传说，是民间画不厌的吉祥物。

您认为此物还有何种特殊意义？请参与有奖解答。

风水 小贴士

如果水池是方形、星形、心形，或其他不规则的棱椎体时，要避免尖角部分如正对住家。如不能避开，可挂上窗帘遮挡。

一楼餐厅色调采用白色为主色，墙身地板均采用暖色系，对于增进家人食欲，平缓心境很有好处。

风水小贴士

住家的东面凸出，象征着全家人在学业、事业上能顺利发展，尤其对长子特别有利。但以不超过全屋面积的1/3为限。

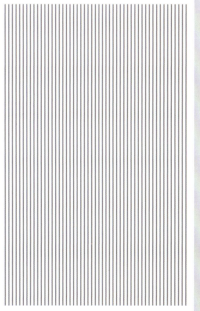

风水马饰品（铜制、合金制）

马有生旺的作用，因此便有人把马的塑像摆放在旺位，希望收到捷足先登、马到功成之效。如果人经常出差，若是在驿马方位摆放马的塑像亦收旅途平安之效。

您认为上述观点合理吗？请参与有奖解答。

风水小贴士

海、江、河、湖、溪，在风水上是"真水"，住宅不可以和真水太贴近，过分贴靠水边的房屋，会令潮气侵入住宅，令居住者有患上风湿等疾病的危险。

　　楼梯内侧半透明材质的装饰墙体与厚实的大理石台阶相得益彰。两层挑高的天花配大吊灯使整个空间笼罩在金碧辉煌的空间中，人处于这种环境中必然心境愉悦，容光焕发，迎接工作上的挑战也会积极自信，自然而然能释放负面情绪，明心见性地做出最有利的决策与判断。

风水
小贴士

　　家相学上认为不适宜用石块堆砌墙面，庭院也不宜铺设过多的石块。以物理学的观点看，石块不宜散热，夏天炎热、冬季寒凉，下雨时，石块也会阻碍水分蒸发，增加湿气的产生。因此不宜作为外墙材料，只适宜在庭院中象征性地铺设一些小石块，作为观赏的点缀，美化庭院。

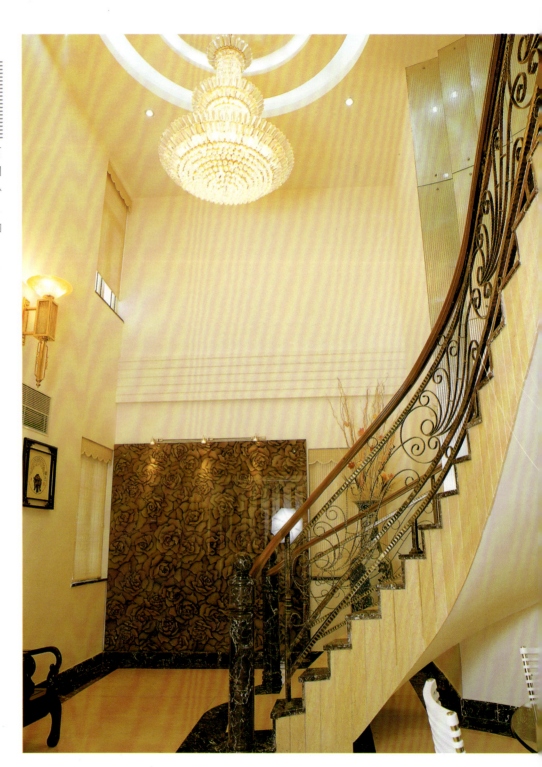

风水吉祥物品图鉴

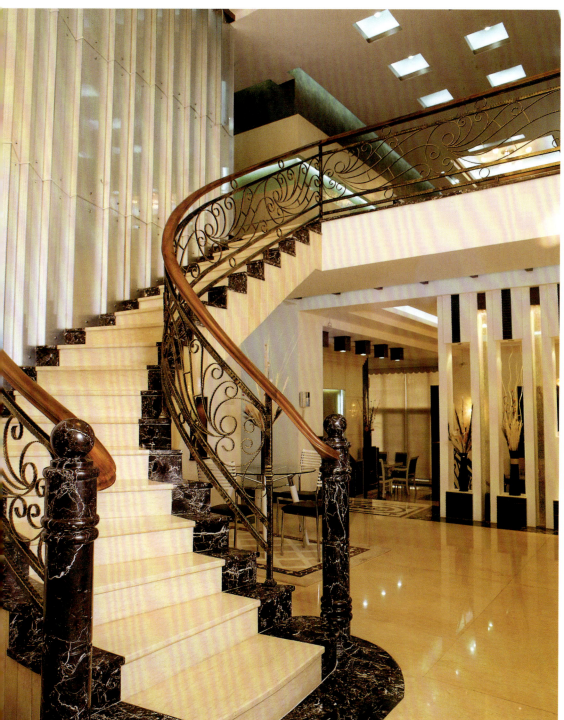

红色、黄红穗坠

不同的色彩分别代表何种含义？请参与有奖解答。

风水 小贴士

　　住家坐方有山称为靠山，是有利宅运的吉相，但山势宜和缓。反之，如果山形峥嵘，山石嶙峋，则会对居住者的事业和健康产生不利的影响。化解的方法可在靠山一面的窗户拉起窗帘，以阻隔煞气。

　　二楼客厅采用米色、黄色、浅绿色，搭配清新自然，令运气生生不息。长方形客厅横向窄而纵向深，代表主人财禄很好。客厅前方长方形阳台形状方正，这种兼顾室内外的空间设计让屋子的气流变得顺畅。风水上讲，前阳台代表主人的未来，整齐的布局预示着主人事业的前途顺景。

风水吉祥物品图鉴

九层文昌塔

文昌塔是最常用的器物，利于读书、功名及事业；学者将它放在书柜中，有利于文思敏捷，考试名列前茅。

您认为此物还有何种用途？请参与有奖解答。

风水
小贴士

作长期居所的住家绝不能建筑在土质松软的山脚边或斜坡上。依地质来说，类似的土质一旦遇上雨天，将会有山体滑坡的危险。

主卧室中宜采用黄色光源，光线比较柔和。床头两侧最好放置两个小床头柜，能使夫妻感情生活美满幸福，事业财运加倍。床头上侧放置二盏小灯，有催财及聚财的功能。

风水

小贴士

电视是现代的产物，过去未曾有过。以风水理论衍生，电视天线的指向即是冲煞。此外，类似一些住宅的电视天线，要注意天线不能朝向卧房，最好将它拉高指向窗外。

八白玉

八白玉含正气浩然之意，为非常吉祥之象。八白齐发，洁白无瑕，可化不洁之气，是婴儿定惊不可缺少之物。

您对此物还有何种观点？请参与有奖解答。

　　睡房与书房并用，有必要在房间中找出文昌位。所谓"文昌"是指文昌星，又称作文曲星，相传是主宰文人命运的星，对子女读书成才有潜移默化的辅助作用。书桌不宜摆放在正对窗户的位置，应使居住者能够心无旁骛地专心学习，不被窗外景物分散精神。

　　卫生间独立的淋浴房让整个空间看起来更为干净明亮，简单朴素得不加任何修饰。将沐浴与如厕空间分隔开，能使负面影响降到最低，从而转化成开运的良好格局。

风 水
小贴士

　　在风水上道路和河水的意义一样，都可进行交通运输。因而，如果房屋外面的道路分叉成三角形，风水上称为"叉形水"，三角形在五行中属火，是较为不宜的。

六、碧丽堂皇尊华苑

凤凰城别墅

　　玄关是最重要的纳气区域，大厅正前方设置华丽的玄关用来转气，同时能引导财运与好的气流进入。玄关装饰应注意利用自然的光线与灯光来吸纳旺气与财气。

风水吉祥物品图鉴

"大厅一吉则全宅俱吉，大厅一失而全宅皆失"是风水学中经常被提及的观点，大厅布置得宜，屋主的社会声望可以日益提高，财源广进，富贵满堂。客厅的东南方象征家庭的财位运势，东南方的五行属木，绿色植物最为合宜兴旺，所以在这个方位摆设五行属木的物品，可以扩大招财成效。东南方摆放鱼缸也很合适，因为五行中有水生木的原理。

狮头吊坠

此吊坠有何种特殊意义？请参与有奖解答。

风水 小贴士

房屋前方若有主要公路经过，且车速过快，距离又很近，会导致阳宅能量耗散，无法达到"藏风聚气"的要求。且车辆出入所产生的灯光及噪音会影响居住品质，使住宅能量偏低。

风水 小贴士

住宅前如有道路呈弧形，且弯位向外延伸，称为"反弓路"，反弓无情，住家会失财，甚至造成更严重的危险局面。

选择一两种绿色植物放在客厅中是不错的主意，绿色植物既可陶冶性情、美化家居环境，风水上也可起到化解煞气、增加福气的功效。

风水吉祥物品图鉴

铜制狮子牌

此物适合摆放于家中哪个位置？请参与有奖解答。

风 水 小贴士

餐厅罗马柱边可悬挂麒麟、风铃类化煞吉祥物，只因窗户正对街道，可免街处煞气冲入。如果住宅窗户与对面住户之窗户相对，也适宜悬挂在窗边，使本家宅财帛不受对方影响；盖因人多财气重，人少财气轻。

水为财，从水流可以判断住家的气势财运。晴天时，如果门前的水流由青龙位倾向白虎位（即从左到右），会旺发；相反，由虎位倾向青龙位（即由右到左），就会家道衰败。如果门前有水沟也可从水的流动判断方向。

　　闪闪发亮的黄色，象征尊贵与财富，西南方、东北方利黄色；而西南方与东北方五行属土，土生金，金黄色天花除了有吉祥、富丽堂皇的气派，位于西南方还可为屋主带来旺盛的财气，令其事业飞黄腾达。

　　不易照到阳光的卧室部分，除了加强灯光的照明外，也可设置一些柔和的风景图，例如：日出、湖光山色、向日花等。在房的西南方，五行属土，在七运中是照神位，也是婚姻与爱情幸福的方位，可挂一山水画。山管人丁，水管财富，招财的效力更大。如果悬挂抽象画，则不宜过多，因为缺少活力，会影响人的情绪，贵人、财运均会减少。

七、流淌着的英伦风情音符

玫瑰园别墅

八卦眼球玛瑙

您认为玛瑙代表何种含义？请参与有奖解答。

风 水
小贴士

水不必是真水，路是虚水，也代表财。风水上所说的"高一寸是山，低一寸就是水"也是指道路。因此，房子前面如果是石级，一出大门即往下好几层的阶梯，方才到正常的平坦地面，被称为"卷帘水"，是不利家运的衰败之相。

大厅宽阔通畅，也可于进门的地方设个回旋式的玄关，作为进门的缓冲区。玄关可设计成低矮的花架装饰墙，也可在花瓶内插一些鲜花，这样既美观又可带来好风水，助长旺气进门。

风 水
小贴士

客厅墙壁与天花的色调宜淡雅，尽量避免复杂而眩目的色彩。

风水吉祥物品图鉴

风水竹箫

家中摆放此物有何象征意义？请参与有奖解答。

风水
小贴士

　　住宅正大门忌正对着电线杆，电线杆不但挡住了家人的视线，更阻挡了气运。正对着门窗的路灯、电线杆、大树、公车站牌都是同样的道理。电线杆是有电流通过的物体，如果附有变电箱，就更带有相当大的磁场。

卧房外面的圆形天花、圆形吊灯配合着半圆形平面布局。圆形五行属金，鹅黄的墙体在视觉上营造出和谐的韵律，风水上会有利于改善空间气流平衡，产生良好的气场。

风水盘（安定罗盘）

您认为此物有何用途？请参与有奖解答。

风水 小贴士

不少住宅的围墙或墙体上遍生青苔、藤蔓。也有的住家为了增加雅致的效果会在住宅外墙培植藤蔓。其实这种做法是很不科学的。藤蔓青苔缠绕外墙，阴浓湿重，且墙壁易被植物的根破坏会有漏水的危害。

女孩房以柔和的粉色系列为主，温暖的灯光与色系能给孩子安全感，因为五行属"火"的"本命"色是红色（粉红色），所以，如果五行属"火"的人做睡房，本人会更兴旺。如果其人五行属"金"则不适宜使用，只因"红火克金"，"金"的本命色是白色（奶白色）。

卧室采用金属感的欧式黄色边框卧床，极富贵族气息。金色与白色象征高贵与纯洁，黄色在五行中属"土"，土生黄金，取其名利双收之意。可求贵人运，财运两相宜。

风水吉祥物品图鉴

此睡房适宜于五行属"土"的人，属"土"的人其本命色是黄色（杏黄），生旺色是红色。五行属"金"的人也适合，属"金"的本色是白色（奶白色），生旺色是黄色。属"水"或"火"的人不适合。

古扇、古书

您认为此物适合摆放于家中何种位置，它有何种象征意义？请参与有奖解答。

卫生间是家中负能量的集中地，设置数目越少越好。但实际使用上，卫生间数量太少会造成使用不便，建议将家中卫生间应在浴缸（淋浴间）与马桶之间隔开，做些简单的防水和不透明处理，这样既能使空间干燥卫生又不会相互妨碍。

风水小贴士

住宅低矮，四周围绕高楼，形如囚笼的屋子全无气运，如作为长期住宅，无形中会增加心理压力，日子愈久愈有透不过气的心理阴影，直接影响人的心境平和。

八、清朗通透宜室雅居

南浦海滨花园别墅

风水 小贴士

室内不宜长期摆设多刺的花树，如仙人掌、玫瑰之类

大厅植物摆设的最佳方位：屋内的东方五行属木，代表拥有财富与成功，可增强家中的财运；若放置在南方，南方属火，代表名誉地位，放置鲜花可以加强运势；北方在五行中属水，可助事业上顺利与成功；其他方位与五行相克，应避免将植物放在那些位置。

风水吉祥物品图鉴

铜制狮子牌（佩饰）

您认为此物适合什么人佩带？请参与有奖解答。

风水
小贴士

商铺或住宅的地面都应该比门前道路的路面高。地势低的建筑物会退财倒运，在此开店生意会很难经营下去。作为住宅则有散尽家财，家庭不和的隐忧。

餐厅格局以形状方正为上佳，餐厅的位置宜安排在客厅和厨房之间，有助于增进亲子关系。另外，亮色的装潢以及明亮的采光，都能增加火行能量吸收，让阳气聚集更顺利。餐桌可选择是圆或椭圆的造型，象征家运顺利与家人团结。

九、蟾宫折桂，缱绻风华共婵娟

麒麟休闲山庄

家庭宽阔的吧台与餐厅过道均采用黄色榉木装饰，黄色光源在这个空间发挥出温馨和谐的气氛，装饰风格上与大堂一致。餐厅圆形的餐桌，吧台圆弧的造型均避免了墙角的煞气直冲，有助于家运顺利与家人团结。

水晶七晶阵

您能说出此物的来由及代表意义吗？请参与有奖解答。

风 水 小贴士

　　地基风水宜忌：喜砂壤土、实土，忌粘土、松土。砂壤土坚固致密，住宅不致有塌陷的危险。砂壤土比较干燥，渗水性强，自我净化能力强；粘土结构过于致密，渗水性能差，易积水，易生蚊蝇霉菌；松土易使屋基下陷或倒塌，生活污水易污染地下水源。

风水吉祥物品图鉴

客厅的位置在房子的正前方，高阔的空间，还有明亮宽广的阳台，望出去视野辽阔，居住其中前程似锦；有自然阳光的照射，空气对流顺畅，能形成好的气场。客厅圆形天花、圆形宫灯吊顶，取意"天圆地方"，符合国人传统的审美情趣。风水上黄色一向被用来代表财富，这厅堂良好的格局可为主人带来旺盛的财气，令事业飞黄腾达。

镜球

您认为它有什么作用？请参与有奖解答。

 风水 小贴士

住宅的基地前圆后方，是相当有财气的家相，"前圆"具有财源汇集的引导力，而"后方"则有进财可守的作用力。

风水 小贴士

多角形的住宅，因为不是正方形，便会形成楼宇缺角的现象，如果购买了钻石形的住宅，当开始着手布置厅房时，一定要尽量把楼宇的尖角削平，最好还能布置成互相呼应的区域。

风水吉祥物品图鉴

铜制钱币

您认为钱币上的图案有何意义？请参与有奖解答。

风水
小贴士

围墙不能建得前面宽大而后面窄尖，形成三角形，这样会使人感到压力很重，使人心情不愉快。

泳池冷色调的灯光与一楼暖色调对比更显宁静，宽畅明亮的家庭泳池空间非常雅致。盆栽植物刺激角落中呆滞的气流，让气活络起来。水的离子能充分缓解压力，保持清澈的池水能洗去浮躁，增进家庭福祉。

十、怀抱原木情，吐露馨香意
上海星悦银湖别墅A

客厅木质屏风裱一山水国画，是很适合财运的格局。山水画是五行属水的开运吉祥物，对男主人的事业很有帮助。如果该客厅正好在房子的正南方，又有自然的阳光照射和空气对流，就能形成好的气场。

在厅堂可摆放铜马、铜象类装饰品，因为象善于吸水，水为财，放在厅堂代表吉祥如意，如放在财位则全家受惠。

风水吉祥物品图鉴

铜制古币（招财进宝）

此类钱币流行于哪个时代？请参与有奖解答。

风水 小贴士

住宅的四周围墙包括住宅的大门，要保持完整，不可缺崩。围墙不可过高，给人监狱般的感觉，也不可过低，让人没有安全感。

左右两墙都有窗的结构可常将窗帘拉起，或者在其中一面窗前放置屏风，都可加强藏风聚气的功能，为主人带来财运。

主卧室是家里经济与精神的中坚分子，主卧有财库的意思，床的正上方用不刺眼的黄色光源比较适当。另外梳妆台上装点小灯饰也有利财运。

风水 小贴士

如果住宅里有较长的走廊，就要注意走廊和浴室的关系，浴室只宜设在走廊的边上，不可设在走廊的尽头，即不能让路直射卫生间。

古币挂饰

您认为它适合什么样的人佩戴？请参与有奖解答。

此儿童房墙体是黄色原木，灯具白色，床为红白相间，适宜五行属"金"及属"土"的孩子使用。五行属"金"其本命色是奶白色，生旺色是黄色；五行属"土"其本命色是黄色，生旺色是橙红色。

风水 小贴士

古代风水学认为金鱼缸不能放在厨房内，亦不能对着炉灶，金鱼缸五行属水，而且还是水性很高的物品，如若将其对着炉灶则会构成水火相战，所以不能把金鱼缸放在厨房内。

风水 小贴士

如若住宅有一个大门，还有一个小门，前面的门一定要比后面的门设计得大一些，不能后门大前门小，住宅大门不可在两边做两个小门进出。

173

十一、淳郁复古，自然中式风

顺驰林溪别墅A

客厅空间高阔，开三面窗户收纳充沛的自然光线显得十分明亮。挑高的天花代表主人的眼光独到，理想高远，对自己充满自信。客厅是主人事业的象征，宽大高阔的客厅代表主人在事业上春风得意、前途光明，能得到许多贵人的扶持。另外，客厅中间铺设大面积的地毯，其颜色、花样搭配得宜，不但有藏风聚气的风水效果，而且对家运与财运有正面的催化作用。

风水吉祥物品图鉴

十帝古钱

您认为"十帝"指什么？请参与有奖解答。

风水 小贴士

传统风水学认为，门多气就杂，如若家中门太多了，平时最好把厕所的门和厨房的门关上，使厨房的烟气、厕所的臭气不要窜到住宅之中，使客厅的空气相对清纯。

客厅与餐厅之间建一水池，取意"水为财，有水即有财"。流动的水会活化空间的气场，令家居内外生趣盎然。水池里养色彩鲜艳的观赏鱼，只要常保持水质清澈，养鱼得当，且生命周期长会对主人事业发展有好处，能兴旺财运、家人健康运等。

家庭成员的卧室最好在同一层楼，彼此才能亲密，若因空间所限，则父母应睡低层，子女睡高层。尽可能子女不要和父母相隔得太远。

风水吉祥物品图鉴

风水 小贴士

具有吉祥意味的植物：桂花——登科中举、柑桔——吉利、柚子——保佑、石榴——多子多孙、竹子——节节高升、金针——宜男忘忧、牡丹——富贵，松柏——长寿。

六帝古钱

得威慑力，旺财运。

您认为"六帝"指什么？请参与有奖解答。

主卧木质的床与床头柜、墙体木脚线、饰墙纸、天花木线以及柔软的地毯等比较致密的材质都可减小声音的反弹传导，减缓气的流动，营造安静环境，帮助入睡。

风水 小贴士

风水格局讲负阴抱阳，背山面水。所谓负阴抱阳，就是说住宅基址后面有山，叫玄武；前面有水，叫朱雀；左边有河流，叫青龙；右边有道路，叫白虎。

台球休闲室通过地板区域划分空间，十分考究。吧台的木地板与台球的地毯功能各得其所，是流畅的室内动线安排。又因有丁字形的横梁，不适合用作卧室或餐厅。

卫生间干爽避免湿气过大是维持家人健康的必要条件，从卫生的角度看，在潮湿的天气中，木质脚线、木镜框、木质漱洗柜台都比较容易受潮；风水的说法是易聚积秽气。因而装设良好的通风设备，经常通风，保持卫生间干燥十分重要。

卫生间能保持空气清新，保持干爽清洁，不藏污纳垢，不再成为家庭健康的威胁就是上佳的格局。绿色植物是生机与活力的来源，因此，可在卫生间内放植物盆栽行"吸秽吐新"之术来改善空间气场。

十二、霁后春晖醉意宅

顺驰林溪别墅B

　　"喜回旋、忌直冲"是风水规划的基本要诀，只要能达到让风回旋的效果，就可以达到化煞的效果，以科学的观点来看，玄关能阻挡长驱直入的风势，发挥相当程度的保暖效果。

真五帝钱

得威慑力，旺财运。

您认为"五帝"指什么？请参与有奖解答。

风水
小贴士

　　风水学上讲，左边为青龙位，右边为白虎位，后边为玄武位，大门为朱雀位。

　　客厅的高大明亮表示主人心胸宽大，人际关系与事业运势良好。拱形内双开门有拓展视野的作用，使客厅的采光更亮，符合风水中所谓的"明厅暗房"的原则，达到客厅聚集旺气的功用，财富自然积攒，形成旺财的格局。

风水吉祥物品图鉴

铜制葫芦

葫芦化病，人所共知。铜葫芦可添夫妻情分则甚少人知道。若夫妻缘薄，可摆放一铜葫芦增加夫妻恩爱感情。

您认为上述观点合理吗？请参与有奖解答。

睡房环境较为理想，白天光线充沛，空气舒爽，令人精神畅快；而晚间则灯光温馨，令人安宁舒适。在选用材料上，地毯、木脚线、木天花线、木质的床具均能带来温暖轻松的氛围，营造适合休息和睡眠的空间，同时，柔和的色调也会有助于情绪稳定与提高睡眠品质。

风水
小贴士

朱雀门是指宅门开在套宅中间。比如套宅前方有一水池或平地，即是有"明堂"，这样，门便适宜开在套宅的前方中间。

卫生间中浴厕隔开的布局使如厕的地点更为隐蔽，易于保持环境的清洁、空气的清新。

十三、气韵灵动，异域馨香
托斯卡纳别墅

在餐厅摆设鱼缸、小盆景等具有"接气"功用的装饰品，全家会更有活力，特别是放置在财位上，功效可以更加突出。

楼梯下边的房间不宜作睡房，睡床忌楼梯压顶，《阳宅摘要》"中也有房内安楼梯，主寡"之说。但比较适合做杂物房。

众所周知，植物可吸收二氧化碳，放出氧气，将其摆放在房内既可供氧，也可以用它的叶子来挡煞辟邪，如果有冲煞之形对着门口，则应在刚进门的迎面处摆放相应植物，这样不但可以避挡煞气，还能起到招财进宝的作用。

铜制葫芦香炉

可转化吉祥之气。凡家中有病人也可摆放铜葫芦，对健康有利，在一定程度上可化煞挡灾。用途广泛。

上述观点对吗？香炉适合摆放在什么地方？请参与有奖解答。

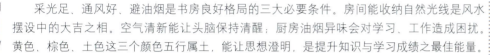

采光足、通风好、避油烟是书房良好格局的三大必要条件。房间能收纳自然光线是风水摆设中的大吉之相。空气清新能让头脑保持清醒；厨房油烟异味会对学习、工作造成困扰。黄色、棕色、土色这三个颜色五行属土，能让思想澄明，是提升知识与学习成绩之最佳能量。

意如祥吉

风水
小贴士

玄武门是指大门开在套宅的后面，一般的独栋式建筑都要开设后门，一是对安全有利，二是因为住宅犹如人体，需要吐故纳新的门户，没有后门就如同只进不出。

人居两旺之别墅风水

十四、凤舞云天　绝代家颜
上海星悦银湖别墅B

凤凰在传统中被誉为漂亮的瑞兽，在别墅外的龙方（即屋内面对大门的方向，左边就是龙边，右边就是虎边，左青龙右白虎，左方为生气方）立一凤凰石像吉祥物，能为住宅增添吉利和福气，易招贵人，同时为住宅带来好的气场，也带来财气。

风水吉祥物品图鉴

天然葫芦

葫芦为藤本植物，藤蔓绵延，结果累累，是后代绵延、子孙众多的象征。葫芦嘴窄身肥，也有吉祥的含意。

上述观点对吗？天然葫芦如何保存？请参与有奖解答。

 风水
小贴士

青龙门是指大门开在套宅的左方。比如套宅前方有街道或走廊，右方路长（来水），左方路短（去水），住房宜开左方门来收地气。此法称为"青龙门收气"。

居室正东方执掌健康运，绿色是开运的最吉色彩，放置常绿的植物，可增进家人的健康运、家运、财运，使其平稳茁壮。但植物不可枯萎，要四季常绿，选择圆叶形的植物更佳。

 风水
小贴士

若有龙的图案或装饰物等，龙头必须要朝向水或汲水，因为龙若无水将被困于浅滩。

黄色原木墙体配上黑色木雕装饰品，再加上竹木家具的搭配，和谐高贵。风水学上黄色和土色五行属土，是幸运色，如果在家中东北方放置一些陶土制品，可增强文昌星的能量，对有学业在身的家庭成员很有帮助。

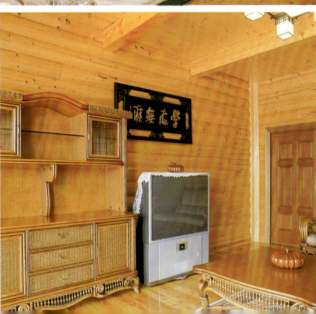

风水吉祥物品图鉴

家中的酒柜或橱柜宜紧贴墙壁，才不会阻碍动线。宜使房间感到宽敞舒适，原木系列的为首要选择。

客厅休息区的黄色原木墙体装饰了中国传统图案木雕，它与天然根雕餐桌椅的自然气息浑然一体。红色五行属火，红色木制的物品寓意木生火的五行玄妙，是合宜的开运选择，休息闲谈的同时吸收大自然气息，令身体健康，全家受益。

铜铃

您知道此物有何作用吗？请参与有奖解答。

古代风水学认为，门向着八种方向，有不同的运气。向北的门能使业务兴隆，向南的门易于成名，向东的门使家庭生活良好，向西的门则荫及子孙，向东北的门代表智能学术上的成就，向西北的门利于向外发展，向东南的门有利财运，向西南的门则喜得佳偶。

偌大的客厅以一木质屏风分隔就餐区与会客区比较恰当，是改善财运风水的好方法，若置于住宅或房内的东南方位，财气不但可以提升，还可以稳固家中财运，符合"喜回旋、忌直冲，中让空以聚气"的原则。

风水吉祥物品图鉴

水晶

水晶有净化的作用。

它属于哪类水晶？请参与有奖解答。

风 水 小贴士

因为是主人房，正南方位的五行属火，选择红色图案的装饰品，非常适合。

门向与放在住家门前的地垫要相互配合，门向着东方、东北方的宜配合黑色地垫，门向着南方、东南方的宜配合绿色地垫，向着西方、西南方的宜配合黄色地垫，向着北方、西北方的宜配合乳白色地垫。

十五、清丽释颜的生活美学

原生墅A

从心理学上分析，红色代表热情，红色既有点缀作用，也能提醒人在自然界活泼动感的一面，红色也是喜气洋洋的吉利色彩。从风水学上讲，红色五行属火，是主掌声誉的能量，开运用红色可让居者的努力成绩受到肯定，进而提升声誉与名望。

铜制香炉

炉顶的动物叫什么名字？请参与有奖解答。

风水 小贴士

大门最好不要对着厨房门，因为厨房为煮食之所，在古代风水学上属燥热盛旺之地。

洁净简约的卧室空间，
有现代的个性风格。床头一
面细圆点的墙纸装饰出不凡
的生活品位，适合五行属金、
火的人居住。五行属金适宜
的睡觉头向是西北方；属火
的人适宜床头朝南方。

旺宅风水的基本要
求：适度的阳光、新鲜的
空气、纯净的清水及充足
的宅气；外局环境优雅、
交通便利、生活方便；内
部高大方正、动线流畅、
空间利用率高、居住舒
适。

风水吉祥物品图鉴

风水
小贴士

卧室不宜使用过多圆形的家具，因为卧室是休息睡觉的地方，需要在视觉上有安稳的感觉，而圆形会使人的心理产生浮动。

房间以白色、红色为主色，洁白的床具、被褥配以棕红木地板，适合五行属金、火、土的人居住。属金五行本色是白色，生旺色是黄色；属火五行本色是红色，生旺色是绿色；属土五行本色是黄色，生旺色是红色。

铜制香炉

炉顶的动物叫什么名字？请参与有奖解答。

风水
小贴士

大门与客厅间宜设置玄关或矮柜遮挡，使内外有所缓冲，理气得以回旋后聚集于客厅，住宅内部也得到隐蔽，外边不易窥探。

十六、朗境清音敛风华

原生墅B

客厅下沉式的地台区划空间，划分出客厅与餐厅两大区域，使原本狭小的客厅空间拓宽了视野。餐厅选用方形镜，方正的格局可加强主人的气势。放置一些植物盆栽可软化那些因锐、尖、有角度的物品产生的阳气，化解直接冲煞。客厅、餐厅都放置了地毯，不但与木地板搭配和谐美观，更可收藏风聚气的风水效果。客厅、餐厅、起居间在层次分明的铺排下，衍生出明朗流畅的衔接性和穿透力。

风水吉祥物品图鉴

铜锣

有净化的作用。

您认为它还有什么作用？请参与有奖解答。

风水 小贴士

　　客厅是家人和亲友相聚的地方，最需要营造出活泼、融洽的气氛。圆形是动态的象征，因此圆形的灯饰、天花造型，以及装饰品可以促进温馨、热闹的气氛。

风水吉祥物品图鉴

　　二楼日光室因地制宜，只因此室有一面坡的屋顶，家具也选用低矮的日式榻榻米装饰。屋顶天窗加上一面墙的开窗令充沛的阳光照射进屋内，也就是说，达到了日光室的自然光采撷效果。在风水上，外气的摄取会产生偏颇，长久居住在这种屋顶下人的身体韵律将趋于不正常，因而不适合作为卧室，用于休闲区最为理想。

铜锣

此种铜锣有何作用？请参与有奖解答。

风水
小贴士

　　大门的背后要保持清爽干净，不可挂大量的图案、照片，大门的色彩宜选用乳白色、象牙色、银色或木本色的为主。

风水
小贴士

卧室空间有限，应保证空气畅通，不宜有太多的衣柜或杂物箱。卧室不可堆放其他季节穿用的衣物、杂物，这类物品最好放在储藏室内。

葫芦化病，人所共知，但铜葫芦可增添夫妻情分则甚少有人知道。若夫妻缘薄，可摆放一铜葫芦在床头，增加夫妻感情。另外，如家中有病人，也可摆放此吉祥物，会对健康有利，家有小孩或长者更应选用。葫芦在一定程度可化煞挡灾，用途广泛。

风水吉祥物品图鉴

爆竹饰品

您知道爆竹的起源吗？请参与有奖解答。

玻璃与镜子不但可以增加房子的深度，视觉上感觉宽阔一些，亦可增加房屋的照明度，使人感到更为明亮。在客厅中不宜见到卫生间的门、窗，为使客厅的阳气稳定，可装不透明窗帘阻挡煞气。同样，从自家客厅的窗户可看到别人家的厨房或卫生间也是"宅气驳杂"的格局，但若是两户间的距离超过100米以上则不算此范围。

 风 水
小贴士

镜子在古代风水学上的作用为反向，如若把镜子装在门厅的后墙壁上，镜子面向大门，在视觉上是扩大了客厅的空间，反映了客厅的华丽。如若大门是开在衰位上，镜子可起到积极的作用，但如若大门是开在吉位上，那么镜子就会把家中的生气之气反射出门。

十七、阳光宁谧的和室之美
原生墅C

风水吉祥物品图鉴

木质屏风若置于客厅的正西或西北方位，不但可以加强财运，还可以增进亲子关系和贵人运。琥珀色木质屏风五行属土，适合放在东北和西南方位以改善财运。

折光球

可发散吉祥之气。

您认为上述观点合理吗？请参与有奖解答。

风水小贴士

摆放镜子有一个大前提，即镜子不宜对自己，也不宜对正吉利方位。镜子下沿不到地则不吉，若以矮柜子来承托镜片便较为理想。

餐厅装设镜子可使财富加倍，当镜子将桌上食物映照出来，食物仿佛变成双倍。同理，餐厅墙上可放置水果、美食的图画或油画，代表家中可保丰盛的食禄，增强财运。暖色系的餐厅家具及色彩柔和的灯光都有助于增加食欲。

别墅楼梯作为一楼客厅与二楼卧房出入的通道，是出入平安的咽喉地带，该楼梯通风与视线良好，利于开阔居者的视野。二楼通道休息区适宜摆设绿色植物，有利户外与室内空气的调节。

　　卫生间的沐浴空间最好装设浴帘，这样地板才不会全部弄湿，也比较不会吸收到秽气。也可放置阔叶植物或盐、方解石等来帮助吸收、排散秽气。

折光球

吸收吉祥之气，并将其扩散开来。

折光球还有其他用途吗？请参与有奖解答。

风水 小贴士

　　厨房中悬挂镜子不宜照到炉火。若是在进餐区悬挂镜子，映照桌上的食物，则有加倍家中财富的意义。

十八、清雅隽朗禅味居

原生墅D

一楼客厅入口处的对角线（后方玄武位两旁）为财气位，财位适宜种植绿色植物，如万年青、富贵竹等，有步步高升的意义；也适宜养金鱼，代表活力十足，生生不息。因水生财，自然会令财运好转。

风水吉祥物品图鉴

水晶吊坠

您认为它有什么吉祥含义？请参与有奖解答。

风水小贴士

在设计楼梯时，不要让它正对着大门。一是把正对着大门的楼梯转一个方向，使之进门之后看不见梯口，二是把楼梯隐藏起来，最好是能隐藏在墙壁后面，用两面墙把楼梯夹住，三是用屏风在大门和楼梯之间造起一个屏蔽，使"气"能顺着屏风而入家门。

餐桌所配的椅子数量为6，为中国传统的吉数。餐厅的东方可以用绿色作为主要的装饰色调，或是放一盆绿色植物做装饰，都是不错的招财方法；南方则要以红色为主要的装饰色调，或是挂上一对中国结，也可以增加喜气，招来财气。

风水吉祥物品图鉴

水晶佩饰专用袋

每种颜色分别代表什么意义？请参与有奖解答。

风水小贴士

门窗太多会产生太强的气流，太强的气流对人的身体不利。避免在同一排的墙壁上有三个或三个以上的门或窗。

可以运用盆栽来调整气，利用植物的天然生气，让缺乏生气者恢复过来。黄色色调给人温馨放松的气氛，日式休息厅内的西方与西北五行都属金，金、银色的饰品可以带来好的气场。西南与东北方属土，这里选择了土黄色为主色的墙纸、金黄色边框镜画，北方采用黑色落地窗窗帘，北方五行属水，符合风水优良格局。

二楼木梯板与二楼木地板色调统一，赤色五行属火，能兴旺五行属火的人，在传统的意义上象征喜气、幸福。白色五行属金，因而五行属金的人也会适宜。

风水吉祥物品图鉴

乾坤照宝图

有调和理气的作用。

适合摆放在家宅的什么位置？请参与有奖解答。

风水 小贴士

窗处见水池、游泳池、公园、球场、环抱路、湖、河或海为吉祥之相。

人工光源比较柔和，且大部分为偏向光，有助于睡眠。床位摆放在能接受到自然光的方位，两面墙都开大片落地玻璃窗。风水学上，房间是财库，如果能睡在财位上，则可收聚财之效。就此卧室而言，财位或旺方比较可能在进门的斜对角，则正好是落地窗和床的位置，建议用木板做一假墙，有（角）才可聚（气），家宅旺财。

书房颜色布置得宜，对扶旺文曲星很有帮助。文曲五行属木，故此应该采用"木"的颜色，即是绿色为宜。从生理的角度，绿色对眼睛具有保护作用，有养眼的功效。浅绿色及浅蓝色都能生旺文曲，因为浅蓝色是"水"的颜色，而"水"能生"木"。另外，书房颜色不宜过于深沉，会令人精神不振。

风水吉祥物品图鉴

乾坤照宝图（佩饰）

护身免灾。

适合所有人佩戴吗？请参与有奖解答。

风 水
小贴士

古代风水学认为住宅的窗子开窗在东为宜，东方阳气充沛，有紫气东来之称。向北开窗，较为不妥。

十九、云淡风清写意浓

云深处别墅

风水吉祥物品图鉴

风水小贴士

　　新陈代谢是植物的天性，家中的花木有枯叶的时候应立刻拔除，新叶子自然会长出。

招财进宝树

可招财正气。

什么场合最适合赠送招财进宝树？请参与有奖解答。

风水小贴士

　　住宅向南开窗，最好不要面对屋角、天线、枯树、废弃物、尖石等物品。

别墅三层楼梯栏杆的裂纹铁花与大厅木方格天花相互呼应，成就了典雅中式风格，形状方正且四平八稳，代表主人光明正大。大厅明亮、空间高阔，加上自然阳光的照射与空气对流，形成了较好的气场。

二楼玄关是上下楼的必经之地，中间墙设一镜子意在让人整理衣冠。镜子在风水上主要是用来"照煞"的，把镜子放在玄关，只要不是正对大门或房门就可把直冲而来的煞气反照回去，以免被其冲克而受损。

风水吉祥物品图鉴

开运竹

招财开运。竹还有节节高升之吉祥含意。

如何养植开运竹？请参与有奖解答。

卧室灯光使用黄色光源最是恰当，洁白的天花板与墙体反射回来的光线柔和适宜，对提升主人财运有好处。

洗浴、如厕分开大有妙用，卫生间浴缸（淋浴间）与马桶隔开是最好的格局，在洗澡时又不会妨碍到马桶的使用。整个卫浴间的通风良好，清爽宜人。

风水 小贴士

书房通风良好，空气清新，令使用者头脑清晰。能收纳自然光线入房是风水摆投中的大吉格局，书桌选择木质中间色，形状方正，四尖角为收钝呈弧形，避免形成屋内的冲煞。

煤气灶口与房屋的坐向正好相反，宜坐北向南，不宜太过暴露，不宜有路直冲，俗话说"开门见灶，财富多耗"。

有**奖**互动解答

你能破解吉祥物品的幸运奥秘吗?

本书中展示了一些生活中常见的吉祥物品,您知道这些物品的幸运奥秘和用途吗?

我们为读者提出了一些相关的问题,并对有些物品阐述了其寓意,你是否同意这些观点?等你来函回复。

看谁可以解释得更为科学和贴近生活。我们将会挑选一些优秀的读者来信刊登在续集新书中,稿件一经采用,您将有机会获得一份精美纪念品。欢迎踊跃投稿!

来稿请寄:

广东省深圳市福田区天安数码时代大厦B座708室

深圳市金版文化发展有限公司(编辑部)收

邮编: 518040

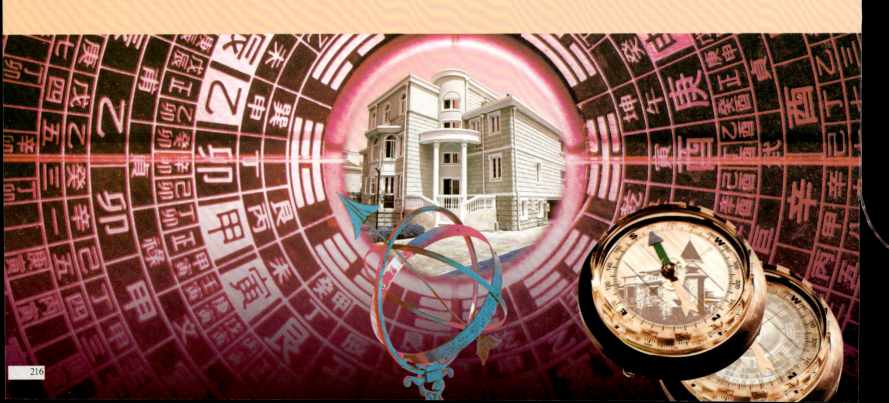

人居两旺之别墅风水

策　　划：深圳市金版文化发展有限公司
责任编辑：赵乐宁
封面设计：深圳市金版文化发展有限公司
责任监制：刘青海
出版发行：陕西旅游出版社
　　　　　（西安市长安北路 32 号　　　邮编　710061）
经　　销：各地新华书店
印　　刷：深圳市彩美印刷有限公司　　　电话　（0755）88833688
开　　本：787mm×1092mm　　　1/12
印　　张：18
字　　数：100 千字
版　　次：2010 年 8 月第 1 版　　2011 年 3 月第 2 次印刷
书　　号：ISBN 978-7-5418-2146-2
定　　价：98.00 元

印刷装订如有质量问题请直接与印刷单位联系调换
购书电话：（0755）83476130
http://www.ch-jinban.com